AF590181

TARIFS COMMENTÉS
EN MATIÈRE CIVILE
DES JUGES DE PAIX
ET DE LEURS GREFFIERS
DES HUISSIERS ORDINAIRES ET AUDIENCIERS

près toutes les Juridictions civiles, commerciales et d'expropriation pour cause d'utilité publique,

DES SECRÉTAIRES DES CONSEILS DE PRUD'HOMMES, etc.,

SUIVIS D'UN APPENDICE

contenant les lois en vigueur sur la compétence des juges de paix,
les décrets et règlements sur la profession des huissiers et la transmission des offices.

Les droits d'enregistrement sont indiqués, pour tous les actes tarifés dans le présent ouvrage,
avec les calculs applicables à chacun des droits dans les diverses localités
où les frais ont été faits, — l'examen critique des questions auxquelles les textes ont donné lieu dans la pratique,
— les solutions résultant des instructions ministérielles et de la jurisprudence.

Extraits de la 2e édition du NOUVEAU MANUEL DE LA TAXE, et complétés jusqu'à ce jour.

PAR

M. BONNESOEUR,

CONSEILLER A LA COUR IMPÉRIALE DE BORDEAUX.

Si quid novisti rectius istis
Candidus imperti, si non his utere mecum
HORATIUS, Epist VI, lib. I

PARIS

IMPRIMERIE ET LIBRAIRIE GÉNÉRALE DE JURISPRUDENCE.

COSSE, MARCHAL ET Cie, IMPRIMEURS-ÉDITEURS,

LIBRAIRES DE LA COUR DE CASSATION,

Place Dauphine, 27.

1866

TARIFS COMMENTÉS

EN MATIÈRE CIVILE

DES JUGES DE PAIX

ET

DES HUISSIERS.

1996

F

2982

Paris. — Imprimerie de Cosse et J. Dumaine, rue Christine, 2.

TARIFS COMMENTÉS
EN MATIÈRE CIVILE
DES JUGES DE PAIX
ET DE LEURS GREFFIERS
DES HUISSIERS ORDINAIRES ET AUDIENCIERS

près toutes les Juridictions civiles, commerciales et d'expropriation pour cause d'utilité publique,

DES SECRÉTAIRES DES CONSEILS DE PRUD'HOMMES, etc.,

SUIVIS D'UN APPENDICE

contenant les lois en vigueur sur la compétence des juges de paix,
les décrets et règlements sur la profession des huissiers et la transmission des offices.

Les droits d'enregistrement sont indiqués, pour tous les actes tarifés dans le present ouvrage,
avec les calculs applicables à chacun des droits dans les diverses localités
où les frais ont été faits, — l'examen critique des questions auxquelles les textes ont donné lieu dans la pratique,
— les solutions résultant des instructions ministerielles et de la jurisprudence.

Extraits de la 2e édition du NOUVEAU MANUEL DE LA TAXE, et complétés jusqu'à ce jour.

PAR

M. BONNESOEUR,

CONSEILLER A LA COUR IMPÉRIALE DE BORDEAUX.

. . . . *Si quid novisti rectius istis*
Candidus imperti, si non, his utere mecum
HORATIUS, Epist. VI, lib. I.

PARIS

IMPRIMERIE ET LIBRAIRIE GÉNÉRALE DE JURISPRUDENCE.

COSSE, MARCHAL ET Cie, IMPRIMEURS-ÉDITEURS,

LIBRAIRES DE LA COUR DE CASSATION,

Place Dauphine, 27.

1866

2534

PRÉFACE DES ÉDITEURS.

Le *Traité général de la taxe en matière civile,* par M. BONNESŒUR, est assurément l'un des plus complets, et dont le prix est le moins élevé, parmi tous les livres publiés sur le même sujet.

Il est pourtant d'un prix relativement élevé pour ceux qui, dans l'exercice de leurs fonctions judiciaires ou ministérielles, n'ont besoin d'étudier et d'appliquer qu'une partie limitée des tarifs qu'il contient.

L'ouvrage, dans son ensemble, ne convient guère qu'aux magistrats d'un ordre supérieur, aux jurisconsultes, aux avoués, aux notaires, etc., qui sont obligés de se rendre complétement et exactement compte de toute cette partie de notre législation.

Quant aux *juges de paix*, à *leurs greffiers*, aux *secrétaires des Conseils de prud'hommes* et aux *huissiers* de toutes les catégories, la connaissance et l'application de leurs tarifs particuliers leur suffit, à la rigueur.

Nous avons pensé leur être agréables et leur épargner une dépense qu'ils pourraient juger inutile, en éditant leurs *tarifs,* à part, dans un petit volume d'un prix modique.

Nous avons donc soumis notre projet à l'auteur, qui a bien voulu l'approuver et nous autoriser à l'exécuter.

Il a même consenti à revoir une troisième fois cette

partie de son travail, à en faire disparaître les fautes et les incorrections échappées à notre attention commune dans la dernière édition; il y a fait, en outre, des additions nombreuses et des changements nécessités, soit par des publications plus récentes, soit par des modifications de la législation, soit par des décisions de la jurisprudence postérieure à cette dernière édition.

En agissant ainsi, nous avons fait passer l'intérêt d'autrui avant le nôtre, qui serait de vendre à tous l'ouvrage entier et du prix le plus élevé.

Nous serons heureux que ce sacrifice soit apprécié, et que notre petit livre soit bien accueilli par ceux à qui il peut être utile.

INTRODUCTION.

Le Code de procédure civile avait été décrété les 14, 17 et 21 mai 1806 ; il fut promulgué les 24 et 27 du même mois et le 1er mai suivant.

L'art. 1041 de ce Code prescrit son exécution à dater du 1er janvier 1807, époque à laquelle toutes les lois, coutumes, usages et règlements relatifs à la procédure civile, ont été déclarés abrogés.

L'art. 1042 ajoute : « A cette époque, il sera fait, tant « pour la taxe des frais que pour la police et discipline « des tribunaux, des règlements d'administration pu- « blique. »

C'est le 16 février 1807 que ces règlements furent décrétés en ce qui *concerne la taxe des frais et dépens*.

Ils consistent dans trois décrets à la date du même jour, 16 février.

Le premier est intitulé : *Décret contenant le Tarif des frais et dépens pour le ressort de la Cour d'appel de Paris*.

Ce règlement est le plus important sur la matière des frais et dépens ; il doit occuper la première place dans tout traité sur la matière ; autour de lui ou à sa suite doivent se grouper et se distribuer les autres : c'est la raison principale et déterminante qui a fait adopter l'ordre qui a été suivi dans ce livre.

Par le troisième décret du même jour, ce premier décret a été rendu applicable aux Cours d'appel de Lyon, de Bordeaux et de Rouen.

En voici le texte :

DÉCRET *du 16 février 1807, qui rend commun à plusieurs Cours impériales et tribunaux le tarif des frais et dépens de ceux de Paris et en fixe la réduction pour les autres.*

ART. 1er. Le tarif des frais et dépens de la Cour impériale de Paris, décrété cejourd'hui, est rendu commun aux Cours d'appel de Lyon, Bordeaux et Rouen.

Toutes les sommes portées en ce tarif sont réduites d'un dixième pour la taxe des frais et dépens dans les autres Cours d'appel.

2. Le tarif des frais et dépens, décrété pour le tribunal de première instance et pour les justices de paix établis à Paris, est rendu commun aux tribunaux de première instance et aux justices de paix établis à Lyon, Bordeaux et Rouen.

Toutes les sommes portées en ce tarif sont réduites d'un dixième dans la taxe des frais et dépens pour les tribunaux de première instance et pour les justices de paix établis dans les villes où siége une Cour d'appel, ou dans les villes dont la population excède trente mille âmes.

3. Dans tous les autres tribunaux de première instance et justices de paix de l'Empire, le tarif des frais et dépens sera le même que celui décrété pour les tribunaux de première instance et les justices de paix du ressort de la Cour impériale de Paris, autres que ceux établis dans cette capitale.

4. Le tarif des frais de taxe (1), décrété également cejourd'hui, pour le ressort de la Cour impériale de Paris, est aussi déclaré commun à tout l'Empire : en conséquence, dans tous les chefs-lieux de Cours impériales, les droits de taxe seront perçus comme à Paris, et partout ailleurs ils seront perçus comme dans le ressort de la Cour impériale de Paris.

Un décret du 22 juin 1856 rend commun au tribunal de première instance et aux justices de paix de Marseille le tarif des frais et dépens du 16 février 1807 ; il porte :

« Art. 1er. Le tarif des frais et dépens, décrété le 16 février 1807, « pour le tribunal de première instance et pour les justices de paix

(1) C'est le deuxième décret dont on va parler plus loin.

« établis à Paris, est rendu commun au tribunal de première ins-
« tance et aux justices de paix de Marseille. »

Déjà l'ordonnance du 10 octobre 1841, contenant le tarif des ventes judiciaires des biens immeubles, avait déclaré, art. 16, que ce tarif, réglé pour le tribunal de première instance établi à Paris, serait commun aux tribunaux de première instance établis à Marseille, Lyon, Bordeaux et Rouen.

L'importance de Marseille faisait regretter, depuis longtemps, qu'elle n'eût pas été mise, pour la taxe des frais et dépens, sur la même ligne que Paris, Bordeaux, Lyon et Rouen. Le décret du 22 juin 1856 est la réparation bien longtemps attendue d'un injuste oubli.

Un autre décret du 30 avril 1862 a accordé la même faveur à Toulouse dans les termes que voici :

« Le tarif des frais et dépens décrété le 16 février 1807, pour la Cour impériale de Paris, pour le tribunal de première instance de la Seine, et pour les justices de paix établies à Paris, est rendu commun à la Cour impériale, au tribunal de première instance et aux justices de paix établis à Toulouse.

« Le tarif réglé pour le tribunal de première instance de la Seine, touchant les frais et dépens relatifs aux ventes judiciaires de biens immeubles, est également rendu commun au tribunal de première instance de Toulouse. »

Un dernier décret impérial, du 13-16 décembre 1862, a aussi rendu commun aux tribunaux de première instance et aux justices de paix de Lille et de Nantes le tarif des frais et dépens réglé pour le tribunal de première instance et les justices de paix de Paris.

En voici le texte :

« Art. 1er. Le tarif des frais et dépens décrété le 16 février 1807, pour le tribunal de première instance de la Seine et pour les justices de paix établies à Paris, est rendu commun aux tribunaux de première instance et aux justices de paix établis à Lille et à Nantes.

« Le tarif réglé pour le tribunal de première instance de la

Seine, touchant les frais et dépens relatifs aux ventes judiciaires de biens immeubles et par le titre II de l'ordonnance du 10 octobre 1842, est également rendu commun aux tribunaux de première instance de Lille et de Nantes. »

C'est d'après les prescriptions de ces décrets et celles du troisième décret de 1807 que j'ai établi les calculs pour chaque acte taxable, selon les localités où il a été fait. Tout le monde comprendra leur utilité, et l'étendue des recherches et du travail qu'ils éviteront aux officiers ministériels, qui étaient obligés de les faire, et aux taxateurs, qui doivent les vérifier.

Je me suis borné à exposer ce que le droit positif permet directement ou par voie de conséquence naturelle et légitime, et à combattre les abus les plus usuels.

Quant à ceux que l'avidité pourrait suggérer à de malhonnêtes gens, l'imagination la plus fertile serait à peine suffisante à les prévoir et à les consigner dans une encyclopédie.

Je ne dis pas cela par défiance contre la moralité des officiers de justice, car l'expérience que donne la pratique des affaires m'a convaincu, depuis longtemps, que leur probité dépasse de beaucoup la moyenne de la délicatesse vulgaire. Cela tient à ce qu'ils sont choisis, surveillés par les tribunaux, et à ce qu'ils ont, pour résister aux tentations de l'intérêt, le sentiment plus développé de la responsabilité et du devoir.

C'est un mérite dont la partie intéressée, ignorante ou passionnée du public, ne leur tient pas toujours suffisamment compte, mais que le monde sérieux apprécie et honore.

Quoi qu'il en soit, comme tous les examens de conscience un peu complets sont dangereux et malsains, je me suis gardé d'entrer dans ce champ sans limite.

Il faut, en cette matière, s'en tenir à la règle qu'il n'y

a de permis que ce que la loi autorise ; qu'il n'y a de droits naturels que les droits qu'elle tarife. Le surplus est à peu près toujours *péché mortel* et quelquefois *cas réservé ;* car ce qui, dans le monde ordinaire, ne serait que de l'habileté et du savoir-faire, donne pour le moins ici passage à la discipline, qui amène toujours la déconsidération et paralyse le succès professionnel de l'officier public.

TARIFS COMMENTÉS

EN MATIERE CIVILE

DES JUGES DE PAIX

ET

DES HUISSIERS.

1RE PARTIE.

DÉCRET DU 16 FÉVRIER 1807.

LIVRE Ier. — DES JUSTICES DE PAIX.

CHAP. Ier. — TAXE DES ACTES ET VACATIONS DES JUGES DE PAIX.

Observations.

Ce chapitre, qui est composé de huit articles, se trouve modifié par la loi du 21 juin 1845, qui porte (1) :

(1) Cependant, malgré l'abrogation de ce chapitre, il n'est pas moins utile de rapporter le texte des articles qu'il contient, parce qu'ils servent de base à la fixation de la taxe des greffiers de justice de paix, dont on s'occupe dans le chap. 2. Les voici donc :

ART. 1er § 1er (Proc. 909, 932). — Il est accordé aux juges de paix, pour chaque vacation d'apposition, de reconnaissance et levée de scellés, qui sera de trois heures au moins :

A Paris, Bordeaux, Lyon, Rouen, Toulouse, Marseille, Lille et Nantes (A) . . . . 5 f. 00 c.

Dans les villes où il y a une Cour d'appel et dans celles où la population excède 30,000 âmes 4 50

Dans les villes où il y a un tribunal de première instance . 3 75

Dans les autres villes et cantons ruraux 2 50

§ 2. Dans la première vacation seront compris les temps du transport et du retour du juge de paix ; s'il n'y a qu'une seule vacation, elle sera payée comme complète, encore qu'elle n'ait pas été de trois heures.

§ 3. Si le nombre des vacations d'apposition, reconnaissance et levée de scellés paraît excessif, le président du tribunal de première instance, en procédant à la taxe, pourra la réduire.

ART. 2 (Proc. 946, 921, 935). — S'il y a lieu à référé lors de l'apposition des scel-

(A) Voyez *suprà*, *Introduction*, l'ordonnance du 10 octobre 1841, les décrets des 22 juin 1856, 30 avril et 13-16 décembre 1862.

Art. 1er. — « Les droits et vacations accordés aux juges de paix « sont supprimés.

« Il ne leur sera alloué d'indemnité de transport que quand ils « se rendront à plus de 5 kilomètres du chef-lieu du canton. »

L'article 4 de cette loi avait prescrit au Gouvernement de dé-

---

lés, ou dans le cours de leur levée, ou pour présenter un testament, ou autre papier cacheté au président du tribunal de première instance, les vacations du juge de paix lui sont allouées comme celles pour l'apposition, la reconnaissance ou la levée des scellés.

ART. 3. § 1er. — En cas de transport du juge de paix devant le président du tribunal de première instance, il lui est accordé, pour chaque myriamètre, 2 francs, autant pour le retour, et par journée de cinq myriamètres, 10 francs.

§ 2. Il ne lui est accordé qu'une seule journée quand la distance ne sera pas de plus de deux myriamètres et demi, y compris sa vacation devant le président du tribunal.

§ 3. Si la distance est de plus de deux myriametres et demi, il lui sera payé deux journées pour l'aller, le retour et la vacation devant le président du tribunal

ART. 4 (C. c. 406). — Pour l'assistance du juge de paix à tout conseil de famille :

A Paris, Bordeaux, Lyon, Rouen, Toulouse, Marseille, Lille et Nantes	5 f 00 c.
Au chef-lieu d'une Cour d'appel, et dans les villes de plus de 30,000 âmes	4 50
Dans les villes où il y a un tribunal de première instance	3 75
Dans les autres villes et cantons ruraux	2 50

Nota. Le juge de paix ne pourra jamais prendre plus de deux vacations

ART. 5. § 1er (C. c. 70 et 71). — Pour l'acte de notoriété, sur la déclaration de sept témoins, pour constater, autant que possible, l'époque de la naissance d'un individu de l'un ou de l'autre sexe, qui se propose de contracter mariage, et les causes qui empêchent de représenter son acte de naissance :

A Paris, Bordeaux, Lyon, Rouen, Toulouse, Marseille, Lille et Nantes	5 f 00 c
Au chef-lieu d'une Cour d'appel, et dans les villes de plus de 30,000 âmes	4 50
Dans les villes où il y a un tribunal de première instance	3 75
Dans les autres villes et cantons ruraux	2 50

§ 2. Et pour la délivrance de tout autre acte de notoriété, qui doit être donné par le juge de paix :

A Paris, Bordeaux, Lyon, Rouen, Toulouse, Marseille, Lille et Nantes	1 f. 00 c.
Au chef-lieu d'une Cour d'appel, et dans les villes de plus de 30,000 âmes	0 90
Dans les villes où il y a un tribunal de première instance	0 75
Dans les autres villes et cantons ruraux	0 50

ART. 6, § 1er (Proc. 587, 781). — Pour le transport du juge de paix à l'effet d'être présent à l'ouverture de portes, en cas de saisie-exécution, par chaque vacation de trois heures :

A Paris, Bordeaux, Lyon, Rouen, Toulouse, Marseille, Lille et Nantes	5 f 00 c.
Au chef-lieu d'une Cour d'appel, et dans les villes de plus de 30,000 âmes	4 50
Dans les villes où il y a un tribunal de première instance	3 75
Dans les autres villes et cantons ruraux	2 50

§ 2. Et à l'arrestation d'un débiteur condamné par corps, dans le domicile où ce dernier se trouve :

A Paris, Bordeaux, Lyon, Rouen, Toulouse, Marseille, Lille et Nantes	10 f. 00 c.
Au chef-lieu d'une Cour d'appel, et dans les villes où la population excède 30,000 âmes	9 00
Dans les villes où il y a un tribunal de première instance	7 50
Dans les autres villes et cantons ruraux	5 00

ART. 7 (Proc. 4, 6, 29). — Il n'est rien alloué au juge de paix : 1° pour toute cédule qu'il pourra délivrer ; 2° pour le paraphe des pieces, en cas de dénégation d'écriture et de déclaration qu'on entend s'inscrire en faux incident (Proc. 14).

ART. 8, § 1er (Proc. 38). — Il lui sera alloué pour transport, soit à l'effet de visiter des lieux contentieux, soit à l'effet d'en-

terminer le montant de l'indemnité de transport par un règlement d'administration publique.

L'ordonnance qui le contient est à la date du 6 décembre 1845 ; en voici le texte :

Article unique. « L'indemnité établie au profit des juges de « paix par l'art. 1er de la loi du 21 juin 1845 est fixée :

En cas de transport à plus.	de 5 kilomètres du chef-lieu du canton à.	5 f. 00 c.
	d'un myriamètre à.	6 00

« Si les opérations durent plus d'un jour, l'indemnité est fixée, « suivant la distance, à 5 ou 6 fr. par jour. »

CHAP. II. — TAXE DES GREFFIERS DES JUGES DE PAIX.

Observations.

Avant de s'occuper des dispositions du décret, il ne faut pas oublier de parler de l'ordonnance du 17 juillet 1825, *portant règlement sur les frais et émoluments à percevoir par les greffiers de justice de paix.* (Voir à l'appendice, § 1.)

Elle dispose qu'aucuns frais ni émoluments ne peuvent être perçus par ces officiers ministériels que sur des états, dressés par eux, vérifiés et *visés* par le juge de paix.

Ces états doivent être écrits au bas de l'expédition délivrée par le greffier, et, à défaut d'expédition, il doit être fait un état séparé.

Les greffiers doivent avoir un registre et y inscrire, par ordre de date, et sans aucun blanc, toutes les sommes qu'ils reçoivent pour des actes de leur ministère : les déboursés et les émoluments sont inscrits dans des colonnes séparées.

Ce registre est coté par le juge de paix ; il est tenu sous sa

---

tendre des témoins, lorsque le transport aura été expressément requis par l'une des parties, et que le juge l'aura trouvé nécessaire, par chaque vacation :

A Paris, Bordeaux, Lyon, Rouen, Toulouse, Marseille, Lille et Nantes . . . . 5 f. 00 c.

Au chef-lieu d'une Cour d'appel, et dans les villes où la population excède 30,000 âmes. . 4 50

Dans les villes où il y a un tribunal de première instance. . . 3 75

Dans les autres villes et cantons ruraux 2 50

§ 2. *Nota.* Le procès-verbal du juge doit faire mention de la réquisition de la partie ; il n'est rien alloué à défaut de cette mention (A).

(A) Dans l'état actuel de la législation, cette mention n'est plus nécessaire, et le greffier pourrait réclamer les droits qui lui sont attribués, lors même que le juge de paix n'aurait fait aucune mention de la réquisition des parties : on ne présumera plus, en effet, que le juge de paix puisse ordonner un transport dans le but d'émolumenter pour lui-même (Dalloz, *Jurisprudence générale*, v° *Frais et Dépens*, n° 340 : Chauveau, 2e éd., n° 583

Cela ne doit cependant s'entendre que des cas où le juge de paix ne se transporterait pas à plus de 5 kilom. de son canton.

surveillance ; il le vérifie et l'arrête, au moins à chaque trimestre, et en dresse un procès-verbal, dans lequel il consigne ses observations. Ce procès-verbal est envoyé au procureur impérial pour être transmis au procureur général.

Toutes ces formalités sont de rigueur, et leur omission peut entraîner des conséquences graves contre les greffiers. Ils ne peuvent recevoir d'autres ou plus forts droits que ceux qui leur sont attribués par les lois et règlements.

Ceci préémis, revenons au texte du décret.

Ire DIVISION. — Droits généraux attribués aux greffiers de justice de paix par le premier décret du 16 février 1807.

Art. 9. — Il sera taxé aux greffiers de justice de paix, pour chaque rôle d'expédition qu'ils délivreront, et qui contiendra vingt lignes à la page et dix syllabes à la ligne [C. P. 8] :

Émoluments.

A Paris, Bordeaux, Lyon, Rouen, Toulouse, Marseille, Lille et Nantes.	0 f. 50 c.
Dans les villes où il y a une Cour d'appel, et dans les aûtres villes dont la population excède 30,000 âmes.	0 45
Dans les autres villes et cantons ruraux.	0 40

Débours.

Timbre (par deux rôles).	1 f. 50 c

Art. 10. — Pour l'expédition du procès-verbal qui constatera que les parties n'ont pu être conciliées, et qui ne doit contenir qu'une mention sommaire qu'elles n'ont pu s'accorder, il sera alloué [C. P. 54] :

Émoluments.

A Paris, Bordeaux, Lyon, Rouen, Toulouse, Marseille, Lille et Nantes.	1 f. 00 c.
Dans les villes où il y a une Cour d'appel, et dans les villes dont la population excède 30,000 âmes.	0 90
Dans toutes les autres villes et cantons ruraux.	0 80

Débours.

Timbre (décret du 8-10 décembre 1862)	0 f. 25 c

Art. 11. — La déclaration des parties qui demandent à être jugées par le juge de paix sera insérée dans le jugement, et il ne sera rien taxé au greffier pour l'avoir reçue, *non plus que pour tout autre acte du greffe* [C. P. 7].

Art. 12. — Pour transport sur les lieux contentieux, quand il sera ordonné, il sera alloué au greffier les deux tiers de la taxe du juge de paix (*art.* 7) *par chaque vacation* [C. P. 30] :

Émoluments.

A Paris, Bordeaux, Lyon, Rouen, Toulouse, Marseille, Lille et Nantes.	3 f. 34 c.
Dans les villes où il y a une Cour d'appel, et dans celles dont la population excède 30,000 âmes. . . .	3 00
Dans les villes où il y a un tribunal de 1re instance. .	2 50
Dans les autres villes et cantons ruraux.	1 67

Débours.

Enregistrement du procès-verbal, décime compris (1).	1 f. 10 c.
Timbre.	

Art. 13. — Il n'est rien alloué pour la mention sur le registre du greffe et sur l'original, ou la copie de la citation en conciliation, quand l'une des parties ne comparaît pas [C. P. 58] (2).

Art. 14. — Pour la transmission, au procureur impérial, de la récusation et de la réponse du juge, tous frais de port compris [C. P. 45 et 47] :

Émoluments.

A Paris, Bordeaux, Lyon, Rouen, Toulouse, Marseille, Lille et Nantes.	5 f. 00 c.
Dans les villes où il y a une Cour d'appel, et dans celles dont la population excède 30,000 âmes et partout ailleurs.	5 00

Débours.

Frais de l'expédition (art 47 du Code de procédure).

Art. 15. — Il sera taxé, au greffier du juge de paix qui aura assisté aux opérations des experts, et qui aura écrit la minute de leur rapport, dans le cas où tous, ou l'un d'eux ne sauraient écrire, les deux tiers des vacations allouées à un expert [C. P. 317].

Observations.

L'émolument des experts est fixé par l'art. 159 du tarif, et il varie selon leur qualité ou leur profession. Il ne semble pas douteux que l'émolument du greffier ne suive les mêmes variations.

1° S'il n'y a qu'un expert, le calcul des émoluments du greffier ne souffre pas beaucoup de difficultés ; il est : dans le dé-

---

(1) Loi du 22 frim. an VII art. 68, §§ 47, 51, et pour le 10° en sus, loi du 6 prair. an VII, art. 1 et 2, la loi du 2 juill. 1862, art. 14, a été modifiée

(2) Il est regrettable qu'il n'ait pas été accordé quelque chose, car le greffier est en perte pour le timbre du registre.

partement de la Seine, *à Bordeaux, Lyon, Rouen, Toulouse, Marseille, Lille et Nantes :*

Si l'expert est artisan ou laboureur, des 2/3 de 4 francs par vacation, soit. . . . . 2 f. 67 c.
S'il est architecte ou artiste, des 2/3 de 8 fr., soit. . . 5 34

Dans les villes où il y a une Cour d'appel, et dans celles dont la population excède 30,000 habitants :

Si l'expert est artisan ou laboureur, des 2/3 de 3 fr. 60 cent. par vacation, soit. . . . . 2 f. 40 c.
S'il est architecte ou artiste, des 2/3 de 7 fr. 20 c., soit. 4 80

Dans les autres villes et départements :

Si l'expert est artisan ou laboureur, des 2/3 de 3 francs par vacation, soit. . . . . 2 f. 00c.
S'il est architecte ou artiste, des 2/3 de 6 fr., soit. . . 4 00

2° S'il y a trois experts, et s'ils sont tous les trois artisans ou laboureurs, ou bien tous les trois architectes ou artistes, l'émolument du greffier sera par vacation, comme pour le n° 1, savoir :

Dans le département de la Seine, à Bordeaux, Lyon, Rouen, Toulouse, Marseille, Lille et Nantes :

Si les trois experts sont artisans ou laboureurs, de.. . 2 f. 67 c.
S'ils sont architectes ou artistes, de. 5 34

Dans les villes où il y a une Cour d'appel, et dans celles dont la population excède 30,000 habitants.

Il sera, si les trois experts sont artisans ou laboureurs, de. . . . . 2 f. 40
S'ils sont architectes ou artistes, de.. . . . . 4 80

Dans les autres villes et départements, il sera, si les trois experts sont artisans ou laboureurs, de. . . . 2 f. 00 c.
S'ils sont architectes ou artistes, de. 4 00

3° Si un ou deux des experts sont artisans et les autres architectes et artistes, le calcul se complique un peu plus.

Il n'y a aucune raison, à mon avis, pour accorder au greffier les 2/3 de la taxe de la vacation la plus élevée.

Il n'y en a non plus aucune pour le réduire au 2/3 de la plus faible.

Il paraît donc juste de faire une moyenne du prix des vacations, qui s'obtient en additionnant ensemble les prix d'une vacation de chaque expert et en divisant le total par 3. — Le quotient donnera la vacation moyenne dont il faut attribuer les deux tiers au greffier.

Il sera facile d'appliquer ce calcul à toutes les hypothèses, selon le lieu où se fera l'expertise, soit dans le département de la Seine, à Bordeaux, Lyon, Rouen, Toulouse, Marseille, Lille ou Nantes, soit dans les villes où il y a une Cour d'appel ou une population excédant 30,000 habitants, soit dans les autres villes et départements.

Les débours consistent dans :

Le timbre employé à la rédaction du procès-verbal. . .
L'enregistrement de ce procès-verbal, le 10e compris, est de.. . . . . 2 f. 20 c.

Il n'y a rien, en sus, à accorder pour transport ou séjour. Car naturellement le greffier doit être pris dans le canton où se fait l'expertise, et il ne doit pas y avoir beaucoup de cantons dont un des points soit éloigné de plus de 2 myriamètres du chef-lieu où il doit résider.

Les art. 24 et 25 du tarif, qui décident qu'il n'est dû aux experts et aux témoins aucuns frais de voyage dans le canton de leur domicile, seraient dans tous les cas applicables, par analogie, au greffier de la justice de paix y faisant fonction de secrétaire-expert.

Art. 16. — Il lui est alloué les deux tiers des vacations du juge de paix pour assistance :

§ 1. Aux conseils de famille, *deux vacations seulement* [C. c. 406. — *Tarif* 4];
§ 2. Aux appositions de scellés [Pr. 909.—*Tarif* 1];
§ 3. Aux reconnaissances et levées de scellés [Pr. 932.—*Tarif* 1];
§ 4. Aux référés [Pr. 922 et 935.—*Tarif* 2];
§ 5. Aux actes de notoriété [C. c. 70 et 71.—*Tarif* 5];

c'est-à-dire :

Émoluments.

A Paris, Bordeaux, Lyon, Rouen, Toulouse, Marseille, Lille et Nantes.	3 f.	34 c.
Dans les villes où il y a une Cour d'appel, et dans celles dont la population excède 30,000 habitants. .	3	00
Dans les villes où il y a un tribunal de 1re instance. .	2	50
Ailleurs..	1	67

Débours.

Enregistrement : 1° des délibérations et avis du conseil de famille, décime compris. . . . . 1 f. 40 c (1)
2° des procès-verbaux d'apposition, de reconnaissance et de levée de scellés, en matière civile et ordinaire, par vacation de trois heures. . . . 1 40 (1)

(1) Loi du 19 juillet 1845, art. 6, 2e alinéa.

3° des procès-verbaux d'apposition... de scellés en matière de faillite, 458, 459 et 468 du Code de comm., quel que soit le nombre de vacations, décime compris (1) 2 20 (2)
4° des actes de notoriété, décime compris 2 20 (3)
Timbre . . . .
(Cire et bandelettes pour les scellés, laissées à l'appréciation du taxateur.)

§ 6. Il est encore alloué au greffier les deux tiers des frais de transport dans les mêmes cas où ils sont alloués aux juges de paix :

Pour chaque myriamètre parcouru, aller et retour. . 1 f. 34 c.
Et par journée de 5 myriamètres. 6 67

NOTA. Il ne lui est accordé qu'une seule journée quand la distance ne sera pas de plus de 2 myriamètres et demi, y compris sa vacation devant le président du tribunal.—Si la distance est de plus de 2 myriamètres et demi, il lui sera payé deux journées pour l'aller et le retour et la vacation (*Tarif* 3).

Questions.

1° Faut-il allouer au greffier, conformément à l'art. 16, § 6, le droit de transport, tel qu'il est réglé par le tarif ancien ou par l'ordonnance du 6 décembre 1845 ?

La différence est grande, car il est alloué aux juges de paix 5 fr. lorsque la distance est de plus de 5 kilomètres, et 6 fr. lorsqu'elle est de plus d'un myriamètre.

Il semble qu'il ne puisse guère s'élever de doute que c'est l'ancien tarif qu'il faut appliquer : car il ne paraît pas qu'on ait voulu en rien le modifier pour ce qui est relatif aux émoluments des greffiers. Le § 6 ne peut se rapporter qu'à un tarif existant, au moment de sa promulgation, et non pas à un tarif à faire ultérieurement.

2° Est-il dû une vacation au greffier pour la réquisition de l'apposition de scellés ?

L'usage de quelques greffiers est de la porter ; mais je crois que c'est là un abus que les juges de paix et les taxateurs doivent supprimer. Il n'est dû que le timbre et l'enregistrement, s'il y a lieu, 1 fr. 10 c.

§ 7. Les greffiers des juges de paix ne pourront délivrer d'expéditions entières des procès-verbaux d'apposition, reconnaissance et levée de scellés, qu'autant qu'ils en seront expressément requis par écrit.

---

(1) Il n'est rien dû au greffier pour l'avis à donner au président du tribunal de commerce, puisqu'aux termes de l'art. 458, *ult. alinéa* du Code de commerce, c'est au juge de paix à le donner.

(2) Loi du 24 mai 1834, art. 11.

(3) Loi du 28 avril 1816, art. 43, § 2.

§ 8. Ils seront tenus de délivrer les extraits qui leur seront demandés, quoique l'expédition entière n'ait été ni demandée ni délivrée.

La taxe pour les rôles est celle de l'art. 9.

Art. 17. — Il sera taxé au greffier du juge de paix [C. P. 925] :

Pour sa vacation, à l'effet de faire la déclaration de l'apposition des scellés sur le registre du greffe du tribunal de première instance, dans les villes où elle est prescrite (1), les deux tiers d'une vacation du juge de paix :

A Paris, Bordeaux, Lyon, Rouen, Toulouse, Marseille, Lille et Nantes.	3 f.	34 c.
Dans les villes où il y a une Cour d'appel, et dans celles dont la population excède 30,000 habitants.	3	00
Dans les villes où il y a un tribunal de 1re instance.	2	50
Dans les autres villes et cantons ruraux.	1	67

Art. 18. — Il lui sera alloué, pour chaque opposition aux scellés qui sera formée par déclaration sur ce probès-verbal de scellés [C. P. 926] :

Émoluments.

A Paris, Bordeaux, Lyon, Rouen, Toulouse, Marseille, Lille et Nantes.	0 f.	50 c.
Dans les villes où il y a une Cour d'appel, et dans celles dont la population excède 30,000 habitants.	0	45
Dans les villes où il y a un tribunal de 1re instance et autres.	0	40

Débours.

Enregistrement, décime compris. . . . 1 f. 10 c.

Art. 19. — Il ne lui sera rien alloué pour les oppositions formées par le ministère des huissiers, et visées par lui [C. P. 1039].

Art. 20.— Il est alloué pour chaque extrait des oppositions aux scellés, à raison, pour chaque opposition, de [C. P. 926] :

Émoluments.

A Paris, Bordeaux, Lyon, Rouen, Toulouse, Marseille, Lille et Nantes.	0 f.	50 c.
Dans les villes où il y a une Cour d'appel, et dans celles dont la population excède 30,000 habitants.	0	45
Partout ailleurs.	0	40

Débours.

Timbre. . . . .

(1) *Dans les communes de 20,000 âmes et au-dessus*, cette déclaration paraît exigée, lors même que l'apposition des scellés aurait lieu dans une commune ayant moins de 20,000 habitants, si elle est dans le ressort d'une commune de 20,000 habitants

Observations.

QUESTION.

Les greffiers de justice de paix ont-ils des droits pour la rédaction des jugements et des procès-verbaux d'enquête? Non; le tarif ne leur alloue rien; il ne peut pas être suppléé à cette omission. C'est pour ces fonctions qu'ils reçoivent un traitement de l'Etat (1).

§ 2.—*Droits du greffier pour l'avertissement amiable à donner aux parties de comparaître devant le juge de paix.*

L'art. 17 de la loi du 25 mai 1838, sur la compétence des juges de paix, modifié par l'art. 2 de celle du 2 mai 1855, est ainsi conçu :

---

(1) TARIF DES SECRÉTAIRES DES CONSEILS DE PRUD'HOMMES.

Les secrétaires des conseils de prud'hommes exercent des fonctions analogues à celles des greffiers de justice de paix. Le tarif de leurs actes se trouve dans un décret du 11 juin 1809, dont la rédaction définitive a été arrêtée suivant un avis du conseil d'Etat du 20 février 1810.

Voici les art. 58 et 59.

« ART. 58. Les parties pourront toujours « se présenter volontairement devant les « prud'hommes pour être conciliées par « eux, dans ce cas, elles seront tenues de « déclarer qu'elles demandent leurs bons « offices. Cette déclaration sera signée par « elles, ou mention en sera faite si elles ne « savent signer.—Il ne sera rien payé pour « cet objet.

« ART. 59. Il sera payé aux secrétaires « des conseils de prud'hommes les sommes « suivantes:

« Pour les lettres d'invitation à se rendre au conseil. . . . . 0 f. 30 c

« Pour chaque rôle d'expédition qu'ils délivreront, et qui « contiendra 20 lignes à la page « et 10 syllabes à la ligne. 0 40

« Pour l'expédition du procès-verbal qui constatera que les « parties n'ont pu être conciliées, « et qui ne peut contenir qu'une « mention sommaire qu'elles « n'ont pu s'accorder. 0 80

« *Enregistrement du procès-verbal, décime compris* « (en débet) (A) 1 10

« Pour l'expédition du procès-verbal qui constatera le dépôt « du modèle d'une marque (*abrogé par l'article de la loi* « *du 23 juin 1857 pour les* « *marques, mais laissé en vigueur pour les dépôts de dessins*) 3 00

« *Enregistrement de la minute*, décime compris. 1 10

(A) D'après la loi du 7-14 août 1850, art. 1er, dans les contestations entre patrons et ouvriers devant les conseils de prud'hommes, *les actes de procédure, ainsi que les jugements, et les actes nécessaires à leur exécution*, doivent être rédigés sur papier *visé pour timbre;* l'enregistrement a lieu *en débet*

Les frais doivent en être repétes par l'administration de l'enregistrement sur la partie qui succombe

QUESTION. Le secrétaire du conseil a-t-il, comme le greffier de la justice de paix, conformément à l'art. 14 du tarif de 1807, un droit pour la transmission au président du tribunal de commerce de la récusation exercee contre un ou plusieurs membres du conseil des prud'hommes et de leurs réponses?

Non, car aux termes de l'art. 57 du décret du 20 février 1810, c'est le président du conseil qui est chargé personnellement d'adresser, dans les trois jours de la réponse du prud'homme qui refuse de s'abstenir, une expédition de l'acte de récusation et de la déclaration du prud'homme; mais le secrétaire du conseil a droit aux émoluments de l'expédition, conformément au 2e alinéa de l'art. 59.

« Dans toutes les causes, excepté celles qui requièrent célérité, « et celles dans lesquelles le défendeur serait domicilié hors du can- « ton ou des cantons de la même ville, il est interdit aux huissiers « de donner aucune citation en justice, sans qu'au préalable le juge « de paix ait appelé les parties devant lui, au moyen d'un avertis- « sement sur papier non timbré, rédigé et délivré par le greffier, « au nom et sous la surveillance du juge de paix, et expédié par la « poste, sous bande simple, scellé au sceau de la justice de paix, « avec affranchissement.

« A cet effet, il sera tenu par le greffier un registre, sur papier non « timbré, constatant l'envoi et le résultat des avertissements. Ce « registre sera coté et paraphé par le juge de paix.

« *Le greffier recevra, pour tout droit et par chaque avertissement, une* « *rétribution de 25 centimes, y compris l'affranchissement, qui sera de* « *10 centimes.*

« S'il y a conciliation, le juge de paix, sur la demande de l'une « des parties, peut dresser procès-verbal des conditions de l'arran- « gement ; ce procès-verbal aura force d'obligation privée. »

Est-il dû un droit au greffier pour la rédaction de ce procès-verbal ? Non, on vient de dire pourquoi dans la question qui précède ce paragraphe.

§ 3. — *Remboursement du timbre, alloué aux greffiers de justice de paix.*

Ce droit est réglé par l'art. 3, aux conditions de l'art. 4 du décret du 8-10 décembre 1862, dont voici le texte :

Art. 3. — Il est alloué aux greffiers de justice de paix, à titre de remboursement du papier timbré :

1° Pour chaque jugement porté sur la feuille d'audience, ceux de remise exceptés.	0 f. 65 c.
2° Pour chaque jugement de remise.	0 20
3° Pour procès-verbal de conciliation inscrit sur un registre timbré.	0 50
4° Pour le procès-verbal sommaire constatant que les parties n'ont pu être conciliées (1).	0 25

Art. 4. — « Les greffiers mentionnés au présent décret ne peuvent écrire sur les minutes ou feuilles d'audience et sur les registres timbrés plus de trente lignes à la page et de vingt syllabes à la ligne sur une feuille au timbre de 1 franc ; de quarante lignes à la page et de vingt-cinq syllabes à la ligne lorsque la feuille est au timbre de 1 fr. 50 c., et de plus de cinquante lignes à la page et

(1) Il n'est rien alloué aux greffiers de justice de paix pour la mention de leurs actes sur le répertoire, de sorte que le timbre de ce registre reste à leur charge. C'est peut-être un oubli du législateur, mais il n'appartient à personne qu'à lui de le réparer

de trente syllabes à la ligne, lorsque la feuille est au timbre de 2 francs. »

« Toute contravention est constatée conformément à la loi du 13 brumaire an VII, et punie de l'amende prononcée par l'art. 12 de la loi du 16 juin 1824, sans préjudice des droits de timbre à la charge des contrevenants. »

IIe DIVISION. — Droits particuliers attribués aux greffiers de justice de paix par des lois spéciales.

Prisées et ventes publiques de meubles et effets mobiliers.

Indépendamment des droits et émoluments accordés aux greffiers de justice de paix par le décret du 16 février 1807, il y en a d'autres qui leur sont accordés par des dispositions particulières.

Le décret du 17 décembre 1793 est ainsi conçu :

Art. 1er. — « Les notaires, greffiers et huissiers sont autorisés « à faire les prisées et ventes de meubles dans toute l'étendue de la « République.

Art. 3. — « Il ne pourra être perçu, à Paris, par lesdits offi- « ciers, lorsqu'ils procéderont aux ventes, que 3 livres par vaca- « tion, dont la durée sera de trois heures, et 5 sous pour l'enregis- « trement d'une opposition; il sera accordé, en outre, les 2/3 « du prix des vacations pour l'expédition du procès-verbal de « chaque séance, sans y comprendre les droits d'enregistrement et « de timbre.

Art. 4. — « Les officiers publics qui rempliront les mêmes fonc- « tions dans les départements ne pourront également y percevoir « que les deux tiers du prix des vacations, ainsi qu'elles sont fixées « par le décret du 21 juillet 1790. »

Ces attributions ont été confirmées par le décret du 14 juin 1813, qui est relatif au règlement pour l'organisation et le service des huissiers.

Il porte en effet :

Art. 37. — « Dans les lieux pour lesquels il n'est point établi de « commissaires-priseurs exclusivement chargés de faire les prisées « et ventes publiques de meubles et effets mobiliers, les huissiers, « tant audienciers qu'ordinaires, continueront de procéder, concur- « remment avec les notaires et les greffiers, auxdites prisées et « ventes publiques, en se conformant aux lois et règlements qui y « sont relatifs. »

Ce décret ne statue rien sur le tarif des émoluments. Il y avait été pourvu, en ce qui concerne les huissiers, par le décret de 1807, pour les ventes qu'ils font à la suite de saisies de meubles et effets mobiliers, et en ce qui concerne les notaires, par les art. 168 et suivants du même décret.

Quant aux greffiers, il semblait qu'ils fussent restés dans les termes du décret du 17 septembre 1793. Mais il est aisé de remarquer qu'il est très-difficile de leur en faire l'application.

Pour plus de clarté, il faut diviser la matière. Les ventes publiques de meubles et effets mobiliers sont de diverses sortes : les unes sont forcées, et les autres volontaires.

§ 1er. — *Des ventes forcées de meubles et effets mobiliers.*

Le plus ordinairement, ces ventes ont lieu après saisies. Mais on leur assimile, pour la taxe des frais, celles qui ont lieu après décès, en exécution des art. 945 du Code de procédure, et 826 du Code civil, parce que le premier de ces articles dit qu'elles seront *faites dans les formes prescrites au titre des saisies-exécutions.*

Les greffiers de justice de paix procèdent très-rarement aux premières, mais plus fréquemment aux secondes.

Leurs droits et émoluments doivent être ceux qui sont tarifés par les art. 38 et suivants du décret du 16 février 1807 ; en voici les dispositions :

Art. 38. — S'il y a lieu au transport des effets saisis, l'huissier sera remboursé de ses frais sur la quittance qu'il en représentera, ou sur sa simple déclaration, si les voituriers ou les gens de peine ne savent écrire, ce qu'il constatera par son procès-verbal de vente.

§ 2. Il sera alloué à l'huissier, ou autre officier qui procédera à la vente, pour la rédaction de l'original un placard qui doit être affiché :

Émoluments.

A Paris et partout ailleurs. . . . . 1 f. 00 c.

Débours.

Enregistrement. . . . . 1 f 10 c
Timbre . . . .
Huissier, enregistrement, timbre. 1 40

§ 3. Pour chacun des placards, s'ils sont manuscrits :

Émoluments.

A Paris et partout ailleurs. . . . . 0 f. 50 c.

Débours.

Timbre. . . . . 0 f. 50 c.

§ 4. Et s'ils sont imprimés, l'officier qui procédera à la vente en sera remboursé sur les quittances de l'imprimeur et de l'afficheur.

NOTA. Les placards doivent être sur papier timbré; le timbre doit être compris dans les déboursés. L'art. 39 veut que l'apposition de ces placards soit constatée par exploit, dont il n'est pas donné copie.

Art. 39. § 3. Il sera passé, en outre, la somme qui aura été payée pour l'insertion de l'annonce de la vente dans le journal, si la vente est faite dans une ville où il s'en imprime.

§ 4. Pour chaque vacation de trois heures à la vente, le procès-verbal compris, il sera taxé à l'huissier (*et au greffier*), dans les lieux où ils sont autorisés à la faire :

Émoluments.

Dans une ville où il y a un tribunal de 1re instance. . 5 f. 00 c.
Dans les autres villes et cantons ruraux. 4 00

Débours.

Enregistrement : pour 100 fr. . . . . 2 f. 20 c. (1)
Timbre . . . .

Art. 41. — § 1er. Dans le cas de publication sur les lieux où se trouvent les barques, chaloupes et autres bâtiments, prescrite par l'art. 620 du Code, et dans les cas de l'exposition de la vaisselle d'argent, bagues, joyaux, ordonnée par l'art. 621, il sera alloué pour chacune des deux premières publications ou expositions (C. P. 620, 621) :

Émoluments.

Dans les villes où il y a un tribunal de 1re instance. . . 4 f. 00 c.
Dans les autres villes et cantons ruraux. 3 00

Débours.

Enregistrement du procès-verbal. . . . . 1 f. 10 c.
Timbre. . . . .

La troisième publication ou exposition est comprise dans la vacation de la vente.

§ 4. Si l'expédition du procès-verbal de vente est requise par l'une des parties, il sera alloué à l'officier ministériel qui aura procédé à la vente, par chaque rôle d'expédition, contenant vingt-cinq lignes à la page, et de dix à douze syllabes à la ligne :

Émoluments.

A Paris, etc. (2).
Dans les villes où il y a un tribunal de 1re instance. . 0 f. 50 c.
Dans les autres villes et cantons ruraux. 0 40

Débours.

Timbre, par deux rôles. . . . . 1 f 50 c.

---

(1) Ces débours sont ordinairement à la charge des adjudicataires. Le greffier se charge d'y pourvoir moyennant un supplément par article et par franc.

(2) Les greffiers ne font pas les ventes à Paris, Bordeaux, Lyon, etc., parce que, dans toutes ces villes, il y a des commissaires-priseurs.

Art. 42. — § 1er. Pour la vacation de l'officier ministériel qui aura procédé à la vente pour faire taxer ses frais par le juge sur la minute de son procès-verbal :

Émoluments.

A Paris, etc. (1).
Dans les villes où il y a un tribunal de 1re instance. . 2 fr. 00 c.
Dans les autres villes et cantons ruraux. 1 50

Débours.

Timbre . . . .

§ 2. Et pour consigner les deniers de la vente :

Émoluments.

A Paris, etc. (2).
Dans les villes où il y a un tribunal de 1re instance. . . 2 f. 00 c.
Dans les autres villes et cantons ruraux. 1 50

Observations.

1re QUESTION.

L'art. 2 de la loi du 22 pluviôse an VII (10 février 1799) dit qu'*aucun officier public ne pourra procéder à une vente publique, et par enchère, d'objets mobiliers, avant qu'il en ait préalablement fait sa déclaration au bureau de l'enregistrement dans l'arrondissement duquel la vente aura lieu.*

Est-il dû aux greffiers une vacation pour faire cette déclaration, qui exige quelquefois un déplacement éloigné ? Cela serait certainement juste. Mais le décret ni les autres lois sur la matière n'accordent rien. L'accomplissement de cette formalité est assimilé à l'enregistrement des actes pour lesquels les officiers publics ne reçoivent, en général, aucun émolument.

2e QUESTION.

Les lois du 5-18 août 1791 et 12 novembre 1808 obligent les officiers publics, qui procèdent à des ventes publiques, à verser entre les mains du percepteur des impositions, ce qui peut être dû par les propriétaires des meubles vendus.

Est-il dû aux greffiers une vacation pour cela ? Le décret du 16 février 1807 est muet sur ce point. Mais l'art. 1er, § 4, de la loi du 18-20 juin accorde aux commissaires-priseurs, à Paris, une vacation de 4 francs, et partout ailleurs de 3 francs. Le décret du 5-8 nov. 1851 l'accorde également à tous *les officiers publics* qui procèdent aux ventes volontaires des fruits et récoltes

(1 et 2) Voir la note 2, page 14.

pendants par racines, et des coupes de bois taillis. Il est donc parfaitement juste de la passer aussi aux greffiers et aux huissiers qui procèdent aux ventes dont il s'agit dans ce paragraphe.

§ 2. — *Des ventes publiques volontaires de meubles et effets mobiliers.*

Ces ventes se divisent encore en deux sections : la première comprend les ventes publiques volontaires de fruits et de récoltes pendants par racines, et de coupes de bois taillis ; la seconde les ventes volontaires de tous les autres meubles et effets mobiliers.

1re SECTION. — *Des ventes publiques volontaires de fruits et de récoltes pendants par racines, et de coupes de bois taillis.*

Il s'était élevé, entre les commissaires-priseurs, les huissiers, les notaires et les greffiers, des discussions pour savoir auxquels de ces officiers ministériels il appartenait de procéder aux ventes dont il s'agit. La loi des 20 mars, 2 avril et 5 juin 1851, est venue les mettre d'accord ; elle est ainsi conçue :

Art. 1er. — « Les ventes publiques volontaires, soit à terme, « soit au comptant, de fruits et de récoltes pendants par racines, et « des coupes de bois taillis, seront faites, *en concurrence, et au choix* « *des parties*, par les notaires, commissaires-priseurs, huissiers et « greffiers de justice de paix, même dans les lieux de la résidence « des commissaires-priseurs. »

Art. 2. — « Pour l'exécution de la présente loi, et dans les trois « mois de sa promulgation, il sera fait un tarif spécial dans la forme « des règlements d'administration publique.

Art. 3. — « Toutes dispositions contraires à la présente loi sont « et demeurent abrogées. »

C'est en exécution de cette loi qu'a été rendu le décret des 5-8 novembre 1851 ; en voici le texte :

Art. 1er.—Il est alloué, pour tous droits d'honoraires, non compris les déboursés, à l'officier public chargé de procéder à une vente volontaire et aux enchères de fruits et récoltes pendants par racines, ou coupes de bois taillis, une remise sur le produit de la vente, qui est fixée à 2 p. 100 jusqu'à 10,000 fr., et 1/4 p. 100 sur l'excédant, sans distinction des ventes faites au comptant et de celles faites à terme.

En cas d'adjudication par lots, consentie au nom du même vendeur, la remise proportionnelle établie au présent article est calculée sur le prix total des lots réunis.

La remise ne peut, en aucun cas, être inférieure à 6 fr.

Art. 2. — Lorsque l'officier public qui a procédé à une vente à terme est chargé d'opérer le recouvrement du prix, il a droit à une remise de 1 p. 100 sur le montant des sommes par lui recouvrées.

Art. 3. — S'il est requis expédition ou extrait des procès-verbaux de vente, il est alloué, outre le timbre, 1 fr. par chaque rôle de vingt-cinq lignes à la page et de quinze syllabes à la ligne.

Art. 4. — Pour versement à la caisse des consignations, paiement des contributions ou assistance aux référés, s'il y a lieu, il est alloué :

Émoluments.

A Paris, Lyon, Bordeaux, Toulouse, Marseille, Lille et Nantes.......................... 4 f. 00 c.
Partout ailleurs.......................... 3 00

Art. 5. — Toutes perceptions directes ou indirectes, autres que celles autorisées par le présent règlement, à quelque titre et sous quelque dénomination qu'elles aient lieu, sont formellement interdites.

En cas de contravention, l'officier public pourra être suspendu ou destitué, sans préjudice de l'action en répétition de la partie lésée, et des peines prononcées par la loi contre la concussion.

Art. 6. — Il est également interdit aux officiers publics de faire aucun abonnement ou modification à raison des droits ci-dessus fixés, si ce n'est avec l'Etat et les établissements publics.

Toute contravention sera punie d'une suspension de quinze jours à six mois. En cas de récidive, la destitution pourra être prononcée.

2e SECTION. — *Des ventes publiques volontaires de meubles et effets mobiliers. — Prisées de meubles. — Ventes sur faillites.*

Quels sont les droits des greffiers pour ces ventes ? — Il n'est plus possible d'appliquer le tarif du décret du 17 septembre 1793; les droits qu'il indique ne sont plus en rapport avec les autres émoluments. Le décret du 16 février sur la taxe des frais ne paraît non plus devoir s'appliquer qu'aux ventes après saisies.

Le décret impérial du 5-8 novembre 1851, contenant la taxe pour les frais des ventes publiques volontaires de fruits et récoltes pendants par racines, et de coupes de bois taillis, a fixé les remises proportionnelles à un taux très-peu élevé, en raison de l'importance ordinaire des ventes de récoltes pendantes par racines, et du peu de temps qu'elles réclament. Il semble qu'il n'ait pas dû entrer dans les prévisions du législateur qu'il fût appliqué à des ventes de meubles et d'effets mobiliers, presque toujours moins importantes, et qui exigent des détails et des soins beaucoup plus minutieux.

Là où il n'y a pas de commissaires-priseurs, les greffiers,

2

huissiers et notaires leur sont substitués, pour faire les ventes volontaires de meubles et d'effets mobiliers, *et pour les prisées de meubles*.

Cette similitude indique qu'il est naturel de recourir à la loi du 18-20 juin 1843, qui tarife les droits des commissaires-priseurs, tout à la fois pour *les prisées de meubles* et *les ventes mobilières*.

En effet, en ce qui concerne ces actes, la position de chacun de ces officiers ministériels diffère très-peu, et il n'y a aucun motif plausible de ne pas les taxer de la même manière et au même taux (1).

Il faudrait donc allouer aux greffiers de justice de paix :

Émoluments.

1° Pour droit de prisée, pour chaque vacation de trois heures :
Partout ailleurs qu'à Paris, Lyon, Bordeaux, Rouen, etc. . . . . 5 f. 00 c.

Débours.

Enregistrement du procès-verbal . . . . . .
Timbre. . . . .

2° Pour assistance aux référés et pour chaque vacation :

Émoluments.

Partout ailleurs qu'à Paris, Lyon, Bordeaux, etc.. . . 4 f. 00 c.

Débours.

Enregistrement. . . . . 1 f. 10 c.
Timbre. . . . .

3° Pour tous les droits de vente, non compris les déboursés pour y parvenir et en acquitter les droits, non plus que la rédaction des placards, 6 p. 100 sur le produit des ventes, sans distinction de résidence.

L'art. 1er ajoute :

« Il pourra, en outre, être alloué une ou plusieurs vacations sur « la réquisition des parties, constatée par procès-verbal du commis- « saire-priseur, à l'effet de préparer les objets mis en vente.

(1) Voyez ce qui a été dit dans mon *Manuel*, 2e édit., *Tarif des commissaires-priseurs*, pag. 382 à 387, sur l'impossibilité d'appliquer aujourd'hui aux greffiers le décret du 17 septembre 1793. Les solutions qui résultent de notre dissertation sont approuvées par MM. Chauveau et Godoffre, *Comment. du Tarif en mat. civ.*, nos 184 et 2894, où ils citent des décisions ministérielles du 24 décembre 1852 et 28 févr. 1853, qui reconnaissent que le tarif de 1793 est tombé en désuétude et qu'il faut le suppléer par celui de la loi du 18-20 juin 1843. — Curieux exemple, au point de vue de la doctrine, d'une loi abrogée par le non-usage et du rejet par une assemblée législative d'un article d'un projet de loi, lequel rejet produit, par la force des choses, exactement le résultat que le Gouvernement attendait de son adoption !

« Ces vacations extraordinaires ne seront passées en taxe qu'au-« tant que le produit de la vente s'élèvera à 3,000 fr.

« Chacune de ces vacations de trois heures donnera droit aux « émoluments fixés par le n° 1er du présent article. »

Il alloue ensuite :

« Pour expédition ou extrait des procès-verbaux de vente, s'ils « sont requis, outre le timbre, et pour chaque rôle de vingt-cinq « lignes à la page et de quinze syllabes à la ligne :

Émoluments.

Partout ailleurs qu'à Paris, Bordeaux, Lyon, Toulouse, Rouen, Marseille, Lille et Nantes.	1 f. 50 c.
Pour consignation à la caisse, s'il y a lieu.	5 00
Pour assistance à l'essai et au poinçonnage des matières d'or et d'argent.	5 00
Pour paiement des contributions conformément aux dispositions des lois.	5 00

Débours.

S'il y en a.

Observations.

Tous les émoluments indiqués sous le titre , *Droits particuliers attribués aux greffiers de justice de paix*, ainsi que ceux énoncés dans l'art. 15 du décret du 16 février 1807, doivent être taxés par le président du tribunal civil de première instance, ou par un juge délégué par lui.

C'est ce qui résulte de l'art. 2 de la loi du 18-20 juin 1843 et des art. 173 et 42 du décret du 16 février 1807 (Voy. chap. final, § 2, n° 3) :

1re QUESTION.

Doit-il être attribué au greffier du juge de paix un droit pour requérir cette taxe, lorsqu'il s'agit de vente volontaire de meubles et d'effets mobiliers ? — Il semble que non, car l'art. 2 de la loi du 20 juin 1843, que nous lui avons appliqué, porte : « L'état « des vacations, droits et remises, alloués aux commissaires-« priseurs, sera délivré sans frais aux parties. »

Nous avons vu qu'il en est autrement pour les ventes forcées, c'est une bizarrerie ! mais il faut exécuter les lois comme elles sont faites.

2e QUESTION.

Lorsque la vente est à terme, et que le greffier est chargé du recouvrement, lui est-il dû un droit de 1 pour 100, de même qu'en matière de vente publique volontaire de fruits et récoltes pendants par racines ?

Nous penchons pour l'affirmative, car les raisons d'accorder ce droit sont les mêmes dans tous les cas, même dans ceux de ventes forcées. Il est reconnu que les acheteurs paient plus cher quand on leur accorde délai; le droit de 1 pour 100 se trouve donc amplement compensé.

D'un autre côté, l'art. 625 du Code de procédure civile rend les officiers ministériels responsables du prix des adjudications; quand les propriétaires ou des créanciers accordent des délais de paiement, ils aggravent ainsi la responsabilité de ces officiers ministériels. Il n'est pas juste qu'ils puissent le faire sans indemnité, et celle de 1 pour 100 n'est pas trop considérable ; sans cela, les officiers publics chargés de la vente pourraient se refuser à abandonner leur garantie de la solvabilité des acheteurs, qui consiste à les faire payer comptant, et à l'instant même de l'adjudication, à peine de revente immédiate.

§ 3.—*Des contrats d'apprentissage.—Loi du 22 février-4 mars 1851, sur les baux d'apprentissage.*

Les art. 1, 2 et 3 de la loi du 4 mars 1831 sont relatifs aux contrats passés, entre le maître et l'apprenti, pour régler les conditions de l'apprentissage ; ils fixent les droits des notaires et autres officiers publics qui ont caractère légal pour recevoir ces contrats.

Aux termes de l'art. 2 , les greffiers de justice de paix peuvent les recevoir concurremment avec les notaires et les secrétaires des conseils de prud'hommes.

Le deuxième alinéa de cet article porte : « Cet acte est soumis, « pour l'enregistrement, au droit fixe de 1 franc (1 fr. 10 c. « décime compris), lors même qu'il contiendrait des obligations « de sommes ou valeurs mobilières, ou des quittances. »

Les honoraires des officiers publics sont fixés à 2 fr.

« Art. 3. L'acte d'apprentissage contiendra : 1° les nom, pré- « noms, âge, profession et domicile du maître; 2° les nom, « prénoms, âge et domicile de l'apprenti ; 3° les noms, prénoms, « profession et domicile de ses père et mère, de son tuteur, ou « de la personne autorisée par les parents, ou à leur défaut par « le juge de paix ; 4° la date et la durée du contrat ; 5° les con- « ditions de logement et de nourriture, de prix, et toutes les « autres arrêtées entre les parties. Il devra être signé par le « maître et le representant de l'apprenti. »

Comme cet acte contient des conventions synallagmatiques, il doit garder minute. Les frais en sont donc :

1° Emolument du greffier qui le reçoit. . . . . 2 f. 00 c.
Expédition. . . . .

2° *Débours.* — Enregistrement.	1	10
Timbre de la minute et de l'expédition.	»	»
Et timbre de l'autorisation quand elle est donnée par le juge de paix	0	50
Enregistrement de l'autorisation, 1/10 compris. . .	1	10

L'autorisation du juge de paix, ou celle du tuteur ou des parents doit être annexée à la minute de l'acte et comprise dans l'expédition s'il y a lieu. (V. *Tarif des Notaires*, 5e division.)

§ 4. — *Légalisation par les juges de paix des signatures des notaires et des officiers de l'état civil.*

Autrefois les légalisations de signature des notaires et des officiers de l'état civil étaient attribuées exclusivement aux présidents des tribunaux civils d'arrondissement, et leurs greffiers percevaient et perçoivent toujours un émolument de 25 centimes.

Cela exigeait pour les parties des déplacements coûteux et gênants.

La loi du 2 mai 1861 a changé cet état de choses. En voici les termes :

Art. 1er. Les juges de paix, qui ne siégent pas au chef-lieu d'un « tribunal de 1re instance, sont autorisés à légaliser, concurremment « avec le président du tribunal, les signatures des notaires qui résident dans leur canton et celles des officiers de l'état civil des communes qui en dépendent, soit en totalité, soit en partie.

« Art. 2. Les notaires et les officiers de l'état civil déposeront « leurs signatures et leurs paraphes au greffe de la justice de paix, « où la légalisation peut être donnée.

« Art. 3. Il est alloué aux greffiers de la justice de paix une rétribution de 25 cent. par chaque légalisation (1).

« Néanmoins, cette rétribution ne sera pas exigée, si l'acte, la « copie ou l'extrait sont dispensés du timbre. »

§ 5. — *De la liquidation des frais des greffiers de justice de paix, et de l'exécutoire contre les parties qui les doivent.*

On a vu, au chapitre 2, page 3, que l'ordonnance du 17 juillet 1825 dispose qu'aucuns frais ni émoluments ne peuvent être perçus, par ces officiers ministériels, que sur des états dressés par eux, *vérifiés et visés par le juge de paix* ;

(1) Le procès-verbal de dépôt au greffe de la justice de paix des signatures et paraphes des notaires et des officiers de l'état civil n'est pas sujet aux droits de greffe, parce que ces droits ne sont dus que pour les actes des greffiers des tribunaux de 1re instance et de commerce et pour ceux d'appel : mais il est soumis à l'enregistrement, au droit de 1 fr. 10 c., décime compris. Il ne paraît pas qu'il soit dû au greffier autre chose que le remboursement du timbre. (Voir ci-devant p. 4, tarif, art. 11.)

Que ces états doivent être écrits au bas de l'expédition délivrée par le greffier, et qu'à défaut de l'expédition, il doit être fait un état séparé.

C'est donc le juge de paix qui est le taxateur des frais dus au greffier.

Mais c'est un point de doctrine certaine que la taxe ne rend pas exécutoire l'état de ces frais contre les parties qui les doivent; la taxe est seulement un titre qui n'a pas d'exécution parée, et en vertu duquel le greffier ne peut pas agir par voie de commandement, à moins que ces frais ne fassent partie de ceux pour lesquels il y aurait un jugement de condamnation.

Comment doit-il agir pour compléter ce titre? Evidemment c'est par voie d'assignation ; car personne ne lui dénie l'action civile en justice ; mais les auteurs sont très-divergents sur l'autorité judiciaire compétente pour statuer ; les uns veulent que ce soit le juge de paix, d'autres pensent que c'est le tribunal civil de première instance de l'arrondissement où le débiteur a son domicile.

« Je crois que, dans l'état actuel de la législation, il n'y a aucun inconvénient à ce que ce soit le juge de paix ; il a cessé d'être partie intéressée dans la liquidation de ces frais, depuis la loi du 21 juin 1845, qui supprime les droits et vacations, qui rendaient son intérêt commun avec celui du greffier. Je crois même que le juge de paix est seul compétent, à quelque somme que la demande puisse monter, sauf l'appel, pour le cas où elle dépasserait les limites dans lesquelles il est autorisé à statuer en dernier ressort.

« Je base cette opinion sur l'art. 60 du Code de procédure civile, qui porte : « Les demandes formées pour frais par les offi-« ciers ministériels seront portées au tribunal où les frais ont « été faits. »

« Je ne vois rien de plus formel que ce principe, et, nonobstant la contradiction des auteurs, je ne crois pas une plus longue dissertation utile, car le doute me paraît impossible (1).

CHAP. III. — TAXE DES HUISSIERS DES JUGES DE PAIX.

Il faut remarquer que la taxe s'applique aux actes, quels que soient les huissiers qui les signifient.

(1) Il est entendu cependant que ce mode de liquidation n'est pas applicable aux émoluments indiqués sous le titre : *Droits particuliers attribués aux greffiers de justice de paix,* ainsi qu'à ceux énoncés dans l'art. 15 du tarif, et que pour ces droits il faut se reporter à ce qui a été dit aux *observations*, page 19.

Que, pour ceux tarifés pour l'art. 16, il faut aussi se reporter à ce qui sera dit au chapitre final, § 2, n° II, car j'ai changé d'opinion depuis la seconde édition, sur la partie guillemettée plus haut.

Les huissiers des juges de paix font tous les actes concurremment avec les autres huissiers de l'arrondissement auquel ils appartiennent; mais ils sont *exclusivement* chargés de faire les actes concernant la juridiction des juges de paix. Ils ne peuvent être suppléés, en cas d'empêchement, que de l'autorité du juge, qui désigne ceux qui doivent les remplacer.

Ces attributions exclusives sont l'indemnité du service qu'ils sont tenus de faire aux audiences de la justice de paix.

La loi du 25 mai 1838 a, sur cette matière, des dispositions qu'il est bon de rappeler ici :

Art. 16. — Tous les huissiers d'un même canton auront le droit de donner toutes les citations et de faire tous les actes, devant la justice de paix. Dans les villes, où il y a plusieurs justices de paix, les huissiers exploitent concurremment dans le ressort de la juridiction assignée à leur résidence. Tous les huissiers du même canton seront tenus de faire le service des audiences et d'assister le juge de paix, toutes les fois qu'ils en seront requis. Les juges de paix choisiront leurs huissiers audienciers.

Art. 17. — Dans toutes les causes, excepté celles où il y aurait péril en la demeure, et celles dans lesquelles le défendeur serait domicilié hors du canton, ou des cantons de la même ville, le juge de paix pourra interdire aux huissiers de sa résidence de donner aucune citation en justice sans qu'au préalable il ait appelé, sans frais, les parties devant lui.

Art. 18. — Dans les causes portées devant le juge de paix, aucun huissier ne pourra ni assister comme conseil, ni représenter les parties en qualité de procureur fondé, à peine d'une amende de 25 à 50 francs, qui sera prononcée, sans appel, par le juge de paix.

Ces dispositions ne seront pas applicables aux huissiers qui se trouveront dans l'un des cas prévus par l'art. 86 du Code de procédure civile.

(*S'il s'agit de leur cause personnelle, de celles de leurs femmes, parents ou alliés en ligne directe et de leurs pupilles*).

Art. 19. — En cas d'infraction aux dispositions des art. 16, 17 et 18, le juge de paix pourra défendre aux huissiers du canton de citer devant lui, pendant un délai de quinze jours à trois mois, sans appel et sans préjudice de l'action disciplinaire des tribunaux, et des dommages et intérêts des parties, s'il y a lieu.

L'art. 17 a été modifié par l'art. 2 de la loi du 2 mai 1855, ainsi qu'on l'a déjà vu, pages 10 et 11.

Il est formellement interdit aux huissiers de donner aucune citation en justice, sans qu'au préalable le juge de paix ait appelé les parties devant lui, au moyen d'un avertissement délivré par le greffier, au nom du juge de paix.

Dans tous les cas qui requièrent célérité, il ne doit être remis de citation, non précédée d'avertissement, qu'en vertu d'une permission donnée, *sans frais*, par le juge de paix sur l'original de l'exploit.

En cas d'infraction de la part de l'huissier, il doit supporter les frais de l'exploit, sans répétition.

Tout cela est clair, et n'a besoin d'aucune autre observation. Passons maintenant au tarif des actes de ces huissiers.

Art. 21. — Pour l'original :

§ 1. De chaque citation contenant demande :

Émoluments.

A Paris, Bordeaux, Lyon, Rouen, Toulouse, Marseille, Lille et Nantes.	1 f.	50 c.
Dans les villes où il y a une Cour d'appel, et dans celles dont la population excède 30,000 habitants	1	35
Partout ailleurs.	1	25

Débours.

Enregistrement (1), décime compris.	1 f.	65 c
Timbre		
§ 2. De signification de jugement [Pr. 16, 19];	1	25
§ 3. De sommation de fournir caution ou d'être présent à la sommation de réception de la caution ordonnée [Pr. 17];.	1	25
§ 4. D'opposition au jugement par défaut contenant assignation à la prochaine audience [Pr. 20];. . . .	1	50
§ 5. De demande en garantie [Pr. 32];.	1	50
§ 6. De citation aux témoins [Pr. 34];.	1	50
§ 7. De citation aux gens de l'art et experts [Pr. 42]; .	1	50
§ 8. De citation en conciliation [Pr. 52];		
§ 9. De citation aux membres qui doivent composer le conseil de famille [C. C. 406] ;	1	50
§ 10. De notification de l'avis du conseil de famille. .	1	50
§ 11. D'opposition aux scellés [C. C. 926];.	1	50
§ 12. De sommation d'assister à la levée des scellés (2).	1	50

Émoluments.

Partout donc depuis le § 4.	1 f.	50 c.

---

(1) Loi du 19 juill. 1845, art. 5.

(2) A partir du § 2 de l'art. 21, les droits sont invariables et indépendants des localités. On ne se rend pas bien compte des motifs qui ont porté le législateur à tarifer différemment les actes que l'art. 21 énumère. J'en ai vérifié avec soin le texte dans le *Bulletin officiel;* il me paraît trop positif pour ne pas être exécuté comme il y est écrit. On ne saurait tirer contre cette interprétation rigoureuse et littérale un argument bien péremptoire des dispositions générales de l'article 3 du 2e décret, à la même date, car partout le tarif auquel appartient notre ar-

Débours.

Enregistrement. . . . . 1 f. 65 c

Timbre . . . .

§ 13. Et pour chaque copie des actes ci-dessus énoncés, le quart de l'original.

Art. 22.—Pour la copie des pièces qui pourra être donnée avec les actes, pour chaque rôle d'expédition de vingt lignes à la page et de dix syllabes à la ligne (400 *syllabes au rôle*).

Émoluments.

A Paris, Bordeaux, Lyon, Rouen, Toulouse, Marseille, Lille et Nantes. . . . . 0 f. 25 c.

Dans les villes où il y a une Cour d'appel ou une population de plus de 30.000 habitants. 0 23

Partout ailleurs. 0 20

Débours.

Timbre. . . . .

Art. 23. § 1er. Pour transport, qui ne pourra être alloué qu'autant qu'il y aura plus d'un demi-myriamètre (une lieue ancienne) de distance entre la demeure de l'huissier et le lieu où l'exploit devra être posé, aller et retour :

Par myriamètre. . . . . 2 f. 00 c.

§ 2. Il ne sera rien alloué aux huissiers des juges de paix pour *visa* par le greffier de la justice de paix, ou par les maires et adjoints des communes du canton, dans différents cas prévus par le Code de procédure.

Art. 94 *du décret du 14 juin 1813.—Les huissiers audienciers près les tribunaux de paix recevront, par chaque appel de cause* (*voir ci-après les art.* 152 *et* 157, *tarif de* 1807). . . . . 0 f. 15 c.

Observations.

1re QUESTION.

On a prétendu que les huissiers de justice de paix pourraient

---

ticle 21, fixe les émoluments à un *maximum* et à un *minimum*, l'un pour les tribunaux établis dans la capitale, l'autre pour ceux du ressort; cela est invariable. ici il n'y a pas de *minimum*, et quoique la raison pour laquelle le législateur l'a omis ne me soit pas connue, il me paraît impossible de le suppléer.

Cependant MM. Chauveau et Godoffre, *Comment. du Tarif*, 2e édit, n° 620, hésitent à approuver cette opinion Ils disent que la pratique y est contraire. Je ne la crois pas aussi générale qu'ils le pensent.

Mais voyez le résultat auquel on arrive, en fixant, dans l'opinion contraire a mon sentiment, les émoluments des §§ 2 et 3 de l'art. 21 on trouve en effet,

Pour Paris, Bordeaux, etc . . 1 f. 25 c.

Dans tous les chefs-lieux de Cour d'appel, etc. . . . 1 13

Partout ailleurs . 0 f. 93 ou 0 94

Or, je défie de rencontrer dans tout le tarif, pour des actes similaires a ceux-là, des chiffres qui se rapprochent des deux derniers. Je persiste d'autant plus dans mon premier avis que les chiffres les plus élevés sont, dans l'etat actuel, à grand'peine rémunératoires, et puisque, quelque parti qu'on prenne, il faut aboutir a une bizarrerie, je préfère celle qui résulte du texte de l'art. 21.

réclamer 4 fr. pour le premier myriamètre parcouru, conformément à l'art. 66 du tarif.

Voici sur quel raisonnement cette prétention est basée :

L'art. 2 du décret du 14 juin 1816, portant règlement sur l'organisation et le service des huissiers, dit qu'ils auront tous *le même caractère, les mêmes attributions et le droit d'exploiter concurremment dans l'étendue du ressort du tribunal civil de l'arrondissement de leur résidence.*

Or, dit-on, s'ils ont tous des pouvoirs égaux, ils doivent avoir droit à des émoluments égaux. Donc, l'art. 23 du tarif a été abrogé par le décret de 1813.

Tout cela n'a aucun fondement ; c'est à la nature de l'acte que l'émolument est attaché, et non pas à l'huissier qui instrumente, à la différence de ce qui se pratique dans les autres matières.

L'art. 28 du décret du 14 juin 1813 prouve qu'il n'est pas entré dans les vues des auteurs de ce règlement d'abroger l'art. 23 du tarif, puisqu'il veut que tous les exploits et actes du ministère d'huissier, près les justices de paix, soient faits par les huissiers ordinaires employés au service des audiences.

Cela ne peut être, bien entendu, qu'aux conditions d'émoluments établis pour ces actes ; et si, dans certains cas, les autres huissiers peuvent les faire, ce ne peut être qu'aux mêmes conditions. C'est aussi le sentiment de M. Chauveau (*Comment. sur le tarif*, 2e édit., n° 565.) (1).

---

(1) SALAIRES DES HUISSIERS POUR LES ACTES DE LA JURIDICTION DES PRUD'HOMMES.

L'art. 60 du décret des 11 juin 1809-20 févr 1811 est ainsi conçu, en ce qui concerne les actes d'huissier, devant la juridiction des prud'hommes :

« Il est alloué les sommes suivantes.. à « l'huissier attaché aux conseils de prud'« hommes, pour chaque citation. 1 f. 25 c.

« *Enregistrement, décime* « *compris* (A). (En débet) . . . 0 55

« Au même, pour la significa« tion d'un jugement. 1 75

« (*Enregistrement, décime* « *compris*) (B). (En débet). . 0 55

« S'il y a une distance de plus « d'un demi-myriametre entre la « demeure de l'huissier et le lieu « où devront être remises la ci« tation et la signification, il sera « payé par myriamètre, *aller et* « *retour :*

« Pour la citation, une taxe « de. 1 75

« Pour la signification. . . . 2 00

« Pour la copie des pièces qui « pourront être données avec les « jugements rendus, il sera payé « a l'huissier, par chaque rôle « d'expédition de 20 lignes a la

(A-B) La loi du 28 avril 1816, art. 41, fixe le droit d'enregistrement des assignations et de tous autres exploits devant les prud'hommes a 0 f. 50 c., mais cela n'est applicable que quand les contestations dépassent la somme de 25 francs ; quand elles sont au-dessous, tous les jugements et autres actes doivent être enregistrés *gratis* (Instruct. générale de la régie du 31 déc. 1847, n° 1796, § 11 ; décis minist du 30 aout 1847), et dans tous les cas, même lorsque les contestations dépassent 25 francs, les actes de poursuites, les jugements et les actes d'exécution, tant en premiere instance qu'en appel, doivent être portés sur papier visé pour timbre et enregistre *en débet*, pour les frais en être supportés en définitive par la partie condamnée (loi du 7 août 1855, sur le timbre et l'enregistrement, art. 1, 2, 3 et 4).

2e QUESTION.

Si, par suite du refus du greffier, du maire ou de l'adjoint, l'huissier était obligé d'aller requérir *le visa* du procureur impérial, aurait-il droit à l'émolument tarifé par l'art. 66, § 4, et à l'indemnité de transport?

MM. BOUCHER-D'ARGIS, page 281, CHAUVEAU et GODOFFRE (*Comment. du tarif*, 2e édit., n° 563), se prononcent pour l'affirmative. Je suis du même avis : l'art. 23, § 2, établit une exception qu'il ne faut pas étendre pour consacrer une injuste rigueur.

M. Dalloz, v° *Frais et dépens*, n° 323, pense que le visa exigé pour l'acte de récusation du juge de paix n'est rétribué que dans le même cas.

Je ne saurais me ranger à cette opinion. M. Chauveau (*eod.*, n° 725) dit que l'art. 23 ne doit pas s'appliquer à l'acte de récusation, parce qu'il peut être fait par tous les huissiers ordinaires.

Je renvoie l'examen de cette question plus loin (V. ce qui en est dit sous l'art. 30.

CHAP. IV.—TAXE DES TÉMOINS, EXPERTS ET GARDIENS DE SCELLÉS.

Art. 24. — Il sera taxé au témoin entendu par le juge de paix une somme équivalente à une *journée de travail*, même à une double journée, si le témoin a été obligé de se faire remplacer dans sa profession, ce qui est laissé à la prudence du juge [Pr. 29, 34].

Il sera taxé au témoin qui n'a point de profession.. . 2 f. 00 c.

Il ne sera point payé de frais de voyage, si le témoin est domicilié dans le canton où il est entendu.

S'il est domicilié hors du canton, et à une distance de plus de deux myriamètres et demi du lieu où il fera sa déposition, il lui sera alloué autant de fois une somme double de *journée de travail*,

---

« page et de 10 syllabes à la
« ligne. 0 20

1re QUESTION. Est-il dû 1/4 de l'original des citations et autres actes d'huissier par chaque copie? — Je le crois; c'est la règle générale posée par le tarif du 16 fév 1807. M. Chauveau est de cet avis (*Comm. sur le Tarif*, 2e édit., n° 68). Les auteurs de l'*Encyclop. des Huissiers* le partagent aussi (2e édit., vol. 6, v° *Prud'hommes*).

2e QUESTION. L'huissier a-t-il droit au *visa* pour chacun des actes qui y sont assujettis?

Je le crois, mais c'est là une question très-délicate. Néanmoins, je pense que l'art. 66 du tarif de 1807, §§ 4 et 5, pose la règle générale à laquelle il n'est fait d'exception que pour les huissiers des juges de paix ; or, les exceptions ne s'appliquent pas par analogie. (*Encyclopédie des Huissiers*, *eod.*, n° 85.)

MM. Chauveau et Godoffre, n° 70, sont d'une opinion contraire, partagée par M Boucher-d'Argis. Ils ne se sont pas laissé toucher par cette argumentation, qui est trop apparente pourtant et trop grosse pour leur avoir echappé.

3e QUESTION. L'art. 35 du décret du 14 juin 1813 est-il applicable en cette matière? — Je le pense aussi, mais voyez plus loin mes observations sous l'art. 66 du tarif de 1807.

ou une somme de 4 francs, qu'il y aura de fois cinq myriamètres de distance entre son domicile et le lieu où il aura déposé (1).

Observations.

1re QUESTION.

Comment faut-il fixer le prix de *la journée de travail?*

M. Chauveau, *Commentaire sur le tarif*, 2e édit., n° 688, pense que c'est au juge à fixer le prix de la journée de travail.

Il cite, comme ayant une opinion contraire, M. Verwoort, p. 25, note *n a.*

Ce dernier auteur pense que, pour évaluer la journée de travail, il faut s'attacher à la fixation qui a dû être faite par le préfet, en vertu de l'art. 4, titre 2, de la loi du 28 septembre 1791.

En lisant l'art. 23, il n'échappera à personne que l'intention de son rédacteur a été que le témoin qui n'a point de profession fût moins payé que les autres; or, ce serait tout le contraire qui arriverait, si l'on suivait le sentiment de M. Verwoort; car il y a en France bien peu de départements, s'il y en a, où le prix de la journée de travail atteigne 2 francs.

D'un autre côté, si l'on rapproche l'art. 167 de l'art. 23, on voit que c'est le juge de paix qui apprécie; en effet, d'après l'art. 167, la somme de 2 francs est le *minimum* que doive accorder le juge, le *maximum* est de 10 francs. C'est donc à raison de l'*état et de la profession* que le prix de la journée doit être fixé. Il est bien évident qu'il n'y a que le juge taxateur qui puisse faire cette appréciation. (V. Dalloz, *Jurisprudence générale*, v° *Frais et dépens*, n° 314.)

2e QUESTION.

Doit-il être alloué quelque chose de proportionnel pour les fractions au-dessus de 2 myriamètres et demi et au-dessus de 5 myriamètres? Cette question est délicate; il y a pour la négative des autorités fort imposantes, en première ligne celle de la Cour de Poitiers, qui a jugé, tout dernièrement, qu'il n'est rien dû pour ces fractions.

Mais l'occasion de traiter cette question se représentera, on ne fait que l'énoncer ici.

3e QUESTION.

Les témoins qui sont entendus par le juge de paix, comme dé-

(1) L'art 24 du tarif de 1807 a été reproduit textuellement par l'art. 61 du décret des 11 juin 1809 et 20 févr. 1810, sur les conseils de prud'hommes; ainsi la taxe des témoins est la même devant les prud'hommes que devant les juges de paix

légué par un juge supérieur, doivent-ils être taxés d'après l'art. 24, ou d'après l'art. 166?

Il n'y a nul doute que l'art. 24 ne leur est pas applicable; mais que c'est l'art. 167 qui règle leur taxe. C'est aussi le sentiment de M. Dalloz (*Jurisp. gén.*, v° *Frais et dépens*, n° 326).

Art. 25.—La taxe des experts, en justice de paix, sera la même que celle des témoins, et il ne leur sera alloué de frais de voyage que dans les mêmes cas [Pr. 29, 42].

Art. 26.—Les frais de garde seront taxés, par chaque jour, pendant les douze premiers jours :

Émoluments.

A Paris, Lyon, Bordeaux, Rouen, Toulouse, Marseille, Lille et Nantes.	2 f. 50 c.
Dans les villes où il y a une Cour d'appel et dans celles dont la population excède 30,000 habitants. .	2 25
Dans les villes où il y a un tribunal de 1re instance. .	2 00
Dans les autres villes et cantons ruraux	1 50

Ensuite, seulement à raison de :

Émoluments.

A Paris, Bordeaux, Lyon, Rouen, Toulouse, Marseille, Lille et Nantes.	1 f. 00 c.
Dans les villes où il y a une Cour d'appel, ou dont la population excède 30,000 habitants.	0 90
Dans les villes où il y a un tribunal de 1re instance.. .	0 80
Dans les autres villes et cantons ruraux.	0 60

LIVRE II. — DE LA TAXE DES FRAIS DANS LES TRIBUNAUX INFÉRIEURS ET DANS LES COURS.

TITRE Ier. — De la taxe des actes des huissiers ordinaires.

SECTION I.

Observations préliminaires.

La nomination, le nombre, la résidence, les attributions, les devoirs et la discipline des huissiers, sont réglementés par le décret du 14 juin 1813. (V. appendice, § 2.)

Ils sont nommés par le chef du pouvoir exécutif, sauf ceux attachés à la Cour de cassation qui, jusqu'à présent, paraissent n'avoir été nommés que par elle, et ce, en vertu de l'art. 70 de la loi du 27 ventôse an VIII.

Tous les huissiers ont le même caractère, les mêmes attributions et le droit d'exploiter concurremment dans l'étendue du ressort du tribunal d'arrondissement de leur résidence.

Tous les huissiers du même canton ont également droit d'exploiter dans le canton pour ce qui est relatif aux actes de la juridiction des juges de paix.

Ils se divisent cependant en huissiers *audienciers* et huissiers *ordinaires*.

Les huissiers audienciers sont chargés du service des audiences dans les divers tribunaux, Cour de cassation, Cours d'appel et d'assises, tribunaux de première instance et de police correctionnelle, tribunaux de commerce et de justice de paix.

Chaque tribunal choisit parmi les huissiers de sa résidence, ou même de son ressort, ceux qu'il juge les plus dignes de sa confiance pour le *service des audiences*.

Ils ont pour ce service particulier une indemnité qui consiste : 1° dans des émoluments d'appel de causes ; 2° dans le droit exclusif de signifier les actes d'avoué ; 3° dans le droit, exclusif pour les huissiers à la Cour de cassation, d'instrumenter dans l'étendue du lieu de sa résidence pour toutes les affaires de sa compétence (Loi du 27 ventôse an VIII, art. 70, et 24 du décret du 14 juin 1813).

Les huissiers audienciers sont tenus de résider dans les villes où siégent les Cours et tribunaux près desquels ils devront faire respectivement leur service.

Tous les autres huissiers sont des huissiers ordinaires, et ils font, concurremment avec les huissiers audienciers, tous les actes qui ne rentrent pas dans les exceptions qui viennent d'être indiquées.

Ces observations faites, arrivons aux dispositions du décret du 16 février, qui sont relatives à la taxe des actes des huissiers ordinaires.

§ 1er. — *Actes de première classe.*

Art. 27. — Pour l'orignal d'un exploit d'appel du jugement de la justice de paix [Pr. 16, 59, 61, 69, n° 8];

D'un exploit d'ajournement, même en cas de domicile inconnu en France, et d'affiche à la porte de l'auditoire :

Émoluments.

A Paris, Bordeaux, Lyon, Rouen, Toulouse, Marseille, Lille et Nantes.	2 f.	00 c.
Dans les villes où il y a une Cour d'appel, ou dont la population est de plus de 30,000 habitants.	1	80
Partout ailleurs.	1	50

Débours.

Enregistrement, décime compris (1).	2 f. 20 c.
Timbre	

Art. 28. — Pour les copies de pièces qui doivent être données avec l'exploit d'ajournement, et autres actes, par rôles contenant vingt lignes à la page et dix syllabes à la ligne, ou évalués sur ce pied [Pr. 65];

Émoluments.

A Paris, Bordeaux, Lyon, Rouen, Toulouse, Marseille, Lille et Nantes.	0 f.	25 c.
Dans les villes où il y a une Cour d'appel, ou dont la population excède 30,000 habitants.	0	23
Partout ailleurs.	0	20

Débours.

Timbre . . . .

Le droit de copie de toute espèce de pièces et de jugements appartiendra à l'avoué, quand les copies de pièces seront faites par lui; l'avoué sera tenu de signer les copies de pièces et de jugements, et sera garant de leur exactitude.

Les copies seront correctes et lisibles, à peine de rejet de la taxe.

Observations.

1° Il faut rappeler ici une disposition importante du décret du 14 juin 1813. C'est l'art. 48, qui est ainsi conçu :

---

(1) Loi du 28 avril 1816, art. 43, n° 13

« Pour faciliter la taxe des frais, les huissiers, outre la mention qu'ils doivent faire, au bas de l'original et de la copie de « chaque acte, du montant de leurs droits, seront tenus d'indi- « quer, en marge de l'original, le nombre des rôles des copies « de pièces, et d'y marquer de même le détail de tous les arti- « cles de frais formant le coût de l'acte. » (Art. 67, C. proc.).

D'un autre côté, l'art. 43 du même décret dispose, comme l'art. 28 du tarif, que les copies à signifier par les huissiers doivent être *correctes* et *lisibles*, à peine de rejet de la taxe et de restitution des sommes reçues. Cet article avait fixé le nombre de lignes qu'il est permis de mettre sur chaque page ; mais il a été modifié par le décret du 29 août 1813, qui a été complété, à son tour, par la loi de finance du 2 juillet 1862. Cette loi contient des dispositions spéciales sur le timbre ; elle porte, art. 17 : « à partir du 15 juillet 1862, le droit de timbre, perçu « en raison de la dimension du papier, est fixé comme il suit :

« Demi-feuille de *petit papier*.	0 f. 50 c.
« Feuille de *petit papier*.	1 00
« Feuille de *moyen papier*.	1 50
« Feuille de *grand papier*.	2 00
« Feuille de *grand registre*.	3 00

Ce qu'on doit entendre par *petit*, *moyen* et *grand papier*, est déterminé dans l'art. 3 de la loi du 13 brumaire an VII, sur le timbre.

Le tableau annexé à cet article comprend cinq sortes de papiers : *grand registre*, — *grand papier*. — *moyen papier*.

Grand papier (moitié du grand registre), — *petit papier* (moitier du grand papier), — *demi-feuille* (moitié du petit papier), — *effets de commerce* (moitié de la demi-feuille du papier coupé en long) (1).

Le *grand papier* avait, en hauteur, 0m3536, en longueur 0m5000 (feuille déployée), en superficie 0m1768. Il correspondait à la feuille actuelle, au timbre de 2 fr., ou au double de celle actuelle, au timbre de 1 fr.

Le *moyen papier* avait, en hauteur, 0m2973, en longueur, 0m4204, et en superficie 0m1250. Il correspondait à la feuille actuelle, au timbre de 1 fr. 50 c. (papier à expédition). (Loi du 28 avril 1816, art. 62).

(1) Cette disposition elle-même est tirée de la déclaration du 19 juin 1691, modifiée par celle du 24 juillet suivant ; elle disait *que les copies signifiées de toutes écritures de procureurs et avocats* auraient 30 lignes à la page pour le *petit* papier, 44 lignes pour le papier *moyen*. — Le petit papier avait 9 pouces de haut et 13 pouces et demi de large, le moyen 12 pouces de haut et 16 de large. Ces dimensions étaient un peu supérieures à celles actuelles.

Le *petit papier*, étant la moitié du grand papier, correspondait à la feuille actuelle, au timbre de 1 fr.

Le décret du 30 juillet 1862, rendu en exécution de l'art. 20 de la loi de finances du 2 juillet 1862, fixe le nombre de lignes et de syllabes que chaque feuille doit contenir au plus selon sa dimension. Il est ainsi conçu :

« Art. 1er. Les copies des exploits, celles des significations d'avoués à avoués et des significations de tous jugements, actes ou pièces, ne peuvent contenir, savoir :

Sur le petit papier (feuilles et demi-feuilles) plus de 30 lignes à la page et de 30 syllabes à la ligne;

Sur le moyen papier, plus de 35 lignes à la page et de 35 syllabes à la ligne ;

Sur le grand papier, plus de 40 lignes à la page et de 40 syllabes à la ligne :

Sur le grand registre, plus de 45 lignes à la page et de 45 syllabes à la ligne (1). »

L'art. 20 de la loi déjà citée, du 2 juillet 1862, dit :

« Les copies des exploits, celles des significations d'avoué à avoué et des significations de tous jugements, actes ou pièces doivent être correctes, lisibles et *sans abréviations*. »

L'art. 1er du décret du 29 août 1813 applique aux contraventions commises par l'huissier dans le nombre des lignes de copie, suivant chaque nature de feuilles, la peine de 25 fr. d'amende, déjà prononcée par la loi du 13 brumaire an VII, pour les contraventions analogues, en matière d'expéditions d'actes. Cette pénalité est confirmée et renouvelée par la loi du 2 juillet 1862.

« Toute contravention, dit l'art. 20, dernier alinéa, aux dispositions du présent article et à celles du règlement d'administration publique est punie d'une amende de 25 fr. »

Suivant l'art. 43 du décret du 14 juin 1813, qui édictait la même pénalité dans des termes un peu différents, les procureurs généraux et leurs substituts étaient chargés spécialement de veiller à l'exécution de cet article, et par conséquent, de poursuivre la répression des contraventions.

Mais cet art. 43 a été formellement *rapporté* par l'art. 3 du décret du 29 août 1813, lequel est intervenu pour réparer des omissions commises dans ce même art. 43.

On se demande si le ministère public a aujourd'hui qualité

---

(1) Quand il s'agit de la taxe pour le remboursement du timbre des copies, tout ce que le papier peut contenir, d'après les décrets, doit s'y trouver, ou est présumé s'y trouver, et les taxateurs doivent réduire ce qui excéderait. (V. *Manuel*, pag. 26.)

pour provoquer le tribunal, devant lequel les pièces sont produites, à prononcer l'amende de 25 fr. contre l'officier ministériel en contravention.

Ce qui fait la difficulté, c'est la rédaction de l'art. 2 du décret du 29 août, qui n'accorde au ministère public le droit de *provocation* que dans le cas où les copies sont *illisibles*, et qui ne reproduit plus la disposition générale dont on vient de parler.

Un arrêt de la Cour de Douai, du 26 mars 1835 (Dalloz, 1835.2.80), a jugé que le ministère public n'est pas recevable à agir dans ce cas, et que la contravention doit être réprimée suivant le mode établi pour les contraventions aux droits du timbre. (V. l'art. 10 de la loi du 16 juin 1824, qui réduit cette amende à cinq francs. V. arrêt de cassation, 11 novembre 1834, Dalloz, 35.1.16.)

Mais cette contravention ne tombe-t-elle pas, comme les autres, sous la répression des art. 1030 et 1031, C. proc., qui permettent aux tribunaux de condamner l'officier ministériel à une amende, *soit pour omission*, *soit pour contravention*, auxquelles la loi n'attache pas la *peine de nullité?*

S'il y a difficulté pour ce cas, il n'y en a aucune sur le droit du ministère public, quand les copies sont *incorrectes* ou *illisibles*. L'amende de 25 fr. doit être appliquée, sur sa *seule provocation*, par la Cour ou le tribunal devant lequel la copie a été produite (art. 2 du décret du 29 août). Il n'est pas nécessaire que l'officier ministériel soit appelé (Cassation, 11 août 1835, Dalloz, 1835.1.455; Cass., arrêt du 21 avril 1836, Dalloz, 36.1.315; arrêt du 25 avril 1837, Dalloz, 37.1.313). — Il ne paraît pas non plus que l'amende de 25 fr. soit susceptible de la réduction prononcée par l'art. 10 de la loi de 1824.

Si les copies ont été faites et signées par un avoué, l'huissier qui les aura signifiées sera également condamné à l'amende, sauf son recours contre l'avoué, ainsi qu'il avisera (Décret susdit, art. 2, § 2 (1).

---

(1) A l'heure qu'il est, le ministère public s'est bien relâché de la sévérité qu'il montrait autrefois à requérir contre les officiers ministériels dont les écritures étaient *incorrectes* ou *illisibles*. Cependant, à la barre comme sur le siége, tout le monde se plaint de ne pouvoir plus lire les copies des huissiers et celles des avoués

J'ai entendu reconnaître le fait dans une mercuriale, prononcée devant la Cour de Bordeaux, en assemblée générale. Mais on n'indiquait d'autre remède au mal constaté que la recommandation expresse aux taxateurs de refuser impitoyablement la taxe à ces copies *incorrectes et illisibles*.

On trouve ce moyen silencieux de répression bien préférable à celui trop bruyant de la solennité de l'audience; on veut éviter le reproche désagréable de tracasseries

Mon Dieu ! La bonne volonté inépuisable des taxateurs est hors de doute; ils ne demanderaint pas mieux, en se chargeant des pechés d'Israel. que d'appliquer vigoureusement le topique pour le rétablissement du bon ordre et la répression de l'abus.

Mais je confesse en toute humilité mon

1re QUESTION.

Lorsque les copies de pièces signifiées par l'huissier sont certifiées par un avoué, les émoluments doivent-ils être tarifés d'après l'art. 28, § 2?

Non, car l'art. 28 dit *que le droit de copie de toute espèce de pièce et de jugement appartiendra à l'avoué*, mais il ne s'explique pas sur l'émolument. Ce sont les art. 72 et 89 qui le fixent. Il est d'ailleurs inférieur à celui des huissiers, parce que les rôles d'avoués doivent contenir un plus grand nombre de syllabes, ainsi qu'on le verra quand nous serons à ces articles.

2e QUESTION.

Les avoués ont-ils concurrence avec les huissiers pour certifier toutes les copies de pièces qui peuvent être signifiées par acte d'huissier?

Cette question a été une des plus importantes qui pût être soulevée, en matière de taxe, et à propos des art. 28, 29 et 72 du tarif.

Voici le texte de ces articles, en ce qui se rapporte aux copies de pièces :

Art. 28... (C. proc., 65.) « Pour les copies de pièces qui « doivent être données avec l'exploit d'ajournement et autres « actes, par rôles, contenant 20 lignes à la page et 10 syllabes « à la ligne,... le droit de copie de toute espèce de pièces et de « jugements appartiendra à l'avoué, quand les copies de pièces « seront faites par lui ; l'avoué sera tenu de signer les copies de « pièces et de jugements et sera garant de leur exactitude. »

Art. 29. (Il énumère avec leur taxe la part des exploits attribuée aux huissiers), et il ajoute... « Indépendamment des co- « pies de pièces qui n'auront pas été faites par les avoués et qui « seront taxées comme il a été dit ci-dessus. »

Art. 72... « Les copies de pièces qui seront données avec les « défenses, ou qui pourront être signifiées dans les causes, se- « ront taxées à raison de 25 lignes à la page et de 12 syllabes « à la ligne.

---

insuffisance à leur démontrer pratiquement le moyen de s'en servir. En effet, quand les officiers ministériels présentent leurs états de frais, pour en obtenir la taxe, ils ne soumettent que les originaux de leurs actes, qui sont à peu près conformes aux prescriptions réglementaires; quant aux copies *incorrectes et illisibles*, elles sont aux dossiers des parties adverses, et elles ne tombent sous les yeux des taxateurs que quand ceux-ci n'ont plus à leur disposition aucun moyen de les rejeter de la taxe.

Il faut donc se resigner a souffrir l'abus si MM. les officiers du parquet renoncent à l'emploi du remede que la loi met à leur disposition.

« A Paris...

« Les copies de tous actes ou jugements qui seront *signifiées* « *avec les exploits des huissiers appartiendront à l'avoué, si elles* « *ont été faites par lui,* à la charge de les certifier véritables et « de les signer. »

C'est sur l'économie de ces trois articles que l'on s'appuie pour soutenir la prétention des avoués à la concurrence et à la prévention.

Voici à peu près comme on raisonne :

Quand il s'agit des copies qui doivent être signifiées en tête d'un ajournement, en conformité de l'art. 28, ou des copies données avec les défenses, conformément à l'art. 72, la concurrence et la prévention ne sont pas contestables, puisqu'elles sont formellement écrites dans ces deux articles.

Cela, du reste, est concédé par tout le monde.

On n'élève donc de difficultés que pour les copies de pièces qui seraient signifiées avec certains actes, ou exploits, auxquels les avoués ne pourraient concourir comme mandataires *ad lites*, c'est-à-dire comme mandataires légaux, mais seulement comme mandataires privés, s'ils y étaient appelés.

Tels seraient, pour rentrer dans ceux de ces actes qui sont énumérés en l'art. 29 :

Les assignations devant les tribunaux de commerce ;

Les sommations de comparaître devant des arbitres ou experts nommés par les tribunaux de commerce ;

Les significations de jugements par défaut de ces mêmes tribunaux ;

Les oppositions à ces jugements par défaut ;

Et les divers actes relatifs à cette juridiction ;

Les commandements tendant à saisie-exécution, et une multitude d'autres actes dont on peut voir la nomenclature dans les divers paragraphes de l'art. 29.

Mais, dit-on, ces objections ne sont pas vraiment sérieuses en présence de la disposition finale de l'art. 29, dont il faut encore rappeler les termes : « Indépendamment des copies de pièces qui « n'auraient pas été faites par les avoués, et qui seront taxées « comme il a été dit ci-dessus. »

Est-ce qu'il peut être douteux pour quelqu'un que cela signifie que les huissiers n'ont droit aux émoluments des copies de pièces, qu'ils signifient avec tous et chacun des actes indiqués dans la première partie de l'art. 29, que quand ces copies ne sont pas faites et certifiées par des avoués ? Où trouver quelque chose de plus clair que l'évidence qui ressort de la contexture de phrases aussi précises et aussi nettement exprimées? Ne faudrait-il pas renoncer à faire des lois si l'on pouvait donner une interprétation à des termes qui n'en ont aucun besoin?

On répond *pour les huissiers :* Ce n'est pas aux articles du tarif qu'il faut recourir pour résoudre la question. Ces trois articles analysés se réduisent à dire que l'émolument, qui est attaché au droit de copies de pièces, appartient à l'huissier ou à l'avoué, selon que cette copie a été faite par l'un ou par l'autre. Mais cela ne détermine pas les cas dans lesquels l'avoué a droit de faire des copies. Ce sont les principes constitutifs des attributions de chacun qu'il faut consulter pour arriver à les connaître.

L'huissier, par la nature de ses fonctions, a une attribution générale pour faire tous les exploits, et leur imprimer le caractère d'authenticité qui émane de la fonction publique qu'il exerce; on conçoit alors facilement qu'il ait la même autorité pour tous les actes accessoires à ces exploits, et que dès lors les émoluments lui en appartiennent.

On conçoit aussi que l'avoué ait concurrence avec lui pour les actes accessoires qui rentrent dans les fonctions qu'il exerce près les tribunaux auxquels il est attaché; mais ce n'est qu'extraordinairement, et en quelque sorte exceptionnellement, qu'on lui accorde la faculté de s'immiscer dans des actes d'huissier. Il faut donc, comme le veut la nature des choses, restreindre son privilége aux actes signifiés au commencement et pendant le cours du procès, et le lui refuser pour tous les autres cas, puisqu'il n'est plus officier public en dehors de l'affaire pour laquelle il est constitué.

Serait-il raisonnable d'admettre qu'un avoué qui n'a aucune attribution légale devant les tribunaux de commerce, les justices de paix et les tribunaux de simple police, devant les prud'hommes, les arbitres amiables, ou forcés, et devant les tribunaux administratifs, pût, par sa seule signature, donner l'authenticité à des copies de pièces destinées à être produites devant ces juridictions? Ne suffit-il pas d'énoncer une pareille énormité pour la faire rejeter?

Il faudrait donc aller jusqu'à dire qu'un avoué d'un arrondissement, d'un département, d'un ressort quelconque, pourrait signer les copies des grosses exécutoires des notaires, qui doivent accompagner ou précéder les commandements d'exécution, non pas seulement dans l'arrondissement de sa résidence, mais dans des lieux où son nom n'aurait jamais été prononcé, et là où la signature des notaires eux-mêmes aurait besoin d'être légalisée pour faire foi. Cela est impossible, et il faudrait s'empresser de faire rapporter une loi qui le permettrait.

Voilà un aperçu des arguments fournis de part et d'autre.

La position respective des deux corporations des avoués et des huissiers, et les grands intérêts que cette question met en lutte, ont donné de la gravité aux raisons invoquées de chaque côté. Les auteurs les ont longuement développées, et les ont entourées de considérations nombreuses. M. Chauveau y consacre plus de 40 pages dans son Commentaire sur le tarif (1er vol., pag. 77 à 118).

Il rapporte, en détail, les contestations qui se sont engagées, à ce sujet, entre ces deux corporations devant les tribunaux de Dieppe et de Versailles, devant la Cour de Rouen et celle de cassation, dont il cite l'arrêt de rejet, qui est à la date du 24 août 1831 (Dalloz, 31.1.278).

Cet arrêt repousse la prétention des avoués.

M. Chauveau déclare qu'après beaucoup de perplexités, il adopte la doctrine de la Cour régulatrice.

Tout cela n'a pourtant pas fait cesser le conflit; et, pour diminuer l'autorité de l'arrêt du 24 août 1831, on a supposé qu'il avait été rendu contre l'opinion d'un des magistrats de la Cour les plus compétents en matière de taxe (M. Moreau, ancien président du tribunal de la Seine).

La question avait été jugée dans le même sens par la Cour de Metz, le 22 décembre 1830, pour des copies d'exploits en conciliation; il y avait pourvoi devant la Cour de cassation. On y produisit une longue consultation de M. de Vatimesnil, où la question est traitée et résolue en faveur des avoués, et une autre consultation de Me Montigny, avocat à Meaux, en faveur des huissiers (V. Dalloz, 32.1.228).

Par arrêt du 22 mai 1832, la Cour de cassation rejeta le pourvoi et persista dans sa jurisprudence.

Mais la Cour d'appel de Paris n'a pas été arrêtée par elle; le 9 fév. 1833, elle a rendu un arrêt qui reconnaît en principe que les avoués ont concurrence avec les huissiers pour faire et certifier les copies, qui doivent être signifiées avec toute espèce d'exploits (Dalloz, 1833.2.170).

Mais encore il y a eu pourvoi en cassation.

Par arrêt du 19 janvier 1836, la chambre civile, admettant la jurisprudence de la chambre des requêtes, a cassé l'arrêt de la Cour de Paris et a renvoyé la cause devant la Cour d'Amiens (Dalloz, 36.1.44).

Cette dernière Cour, par arrêt, en audience solennelle, du

24 novembre 1836 (Dalloz, 1837.2.123), a adopté les principes consacrés par la chambre civile de la Cour de cassation.

Il résulte des détails dans lesquels cet arrêt est entré, entre autres choses :

1° Que les copies de pièces, données en tête d'un commandement à fin de saisie immobilière, ou d'un simple commandement, ne peuvent pas être certifiées par l'avoué, et que, par suite, les émoluments ne lui en appartiennent pas;

2° Qu'il en est de même de la copie d'un acte de dépôt, donnée, en tête d'un exploit de notification, à l'effet de parvenir à la purge des hypothèques légales (V. un arrêt conforme de Limoges, *Journal du Palais*, 1846, t. 1er, p. 278) ;

3° Qu'il en est autrement des copies de pièces données en tête d'une notification à des créanciers inscrits, à la requête d'acquéreurs en conformité des art. 2183 et 2184, C. civ., parce que la purge des hypothèques inscrites n'est point extrajudiciaire comme celle des hypothèques légales. Il a même été jugé que les avoués avaient attribution exclusive (Orléans, 20 nov. 1844, *J. du Palais*, t. 43, 2e part., p. 684);

4° Que la copie d'un jugement du tribunal de commerce, en tête d'une signification, n'appartient point à l'avoué; qu'il en est autrement de la copie d'une ordonnance de référé, parce que si le ministère des avoués pour ces sortes de procès n'est point exigé, il n'est pas non plus interdit (Limoges, 9 avril 1845, *J. du Palais*, 1846, t. 1er, p. 279).

La Cour de Paris avait rendu, le 5 août 1834, dans l'affaire Thévenin C. Mauger, un autre arrêt, par lequel elle avait encore jugé que les avoués avaient concurrence avec les huissiers pour signer les copies à signifier avec toute espèce d'exploits.

Mais sur le pourvoi, la chambre civile de la Cour de cassation, par un nouvel arrêt, du 22 mai 1838, a cassé et maintenu sa jurisprudence (Dalloz, 1838.1.236).

L'arrêt est d'une rédaction tellement nette, que la question ne devra plus se représenter, et la jurisprudence est définitivement fixée pour refuser aux avoués les droits de copie dans les actes d'huissier, étrangers à leur ministère. Il ne se présentera plus de difficulté que pour la détermination de ces actes.

Effectivement, depuis 1838 jusqu'en 1863, on trouve peu de décisions judiciaires sur cette matière. Il semblait que toutes les questions étaient épuisées et réglées, et que les avoués et les huissiers se soumettaient à la jurisprudence. On tenait généralement que les avoués avaient droit aux copies de signification à partir des jugements intervenus dans les instances où ils avaient occupé, et que les huissiers avaient droit aux copies données en tête des commandements pour l'exécution des condamnations.

Me Bérard, avoué au tribunal du Havre, avait préparé les copies de jugements pour être signifiées à parties; mais par le même acte il avait, à la requête de ses clients, fait commandement d'exécuter.

Ces copies furent remises à l'huissier Flambart, qui les signifia. Mais il prétendit avoir les droits de copies à cause du commandement. Le tribunal du Havre les attribua à l'avoué. — Pourvoi en cassation par l'huissier.

19 janvier 1863. Arrêt ainsi conçu :

« Attendu qu'il ne s'agit pas de savoir à qui de l'avoué ou de « l'huissier appartient, en général, l'émolument des copies de « pièces; — Qu'en principe, l'émolument attaché aux copies de « pièces appartient à l'huissier qui seul a un caractère légal pour « signifier l'acte dont les pièces annexées ne sont que l'accessoire;

« Mais attendu qu'il y a lieu de faire exception à cette règle « lorsqu'il s'agit de copies de pièces se rattachant à l'exercice du « droit de postuler; c'est-à-dire qui appartiennent à une instance « engagée, conduite et terminée par le ministère d'un avoué ; — « Que dans ce cas l'émolument des copies de pièces est attribué à « l'avoué qui les a dressées et certifiées;

« Attendu que, dans l'espèce de la cause, il s'agissait principale- « ment de la signification du jugement qui avait terminé l'instance, « et, par conséquent, d'un acte se rapportant essentiellement au « ministère de l'avoué; — Qu'on oppose vainement que la signifi- « cation dont il s'agit contenait commandement, et que le com- « mandement est le premier acte d'une exécution rentrant dans le « domaine exclusif de l'huissier ; — Qu'en effet, cette circonstance « ne change pas la nature de l'acte dont l'objet principal est la si- « gnification du jugement, faisant, en conséquence, partie inté- « grante de la procédure, et rentrant ainsi dans les attributions de « l'avoué dont le mandat et le devoir sont de continuer jusqu'à la « fin la procédure et d'en assurer les résultats. » (*Journ. du Pal.*, 1863, p. 570.)

Ceci posé, revenons à l'art. 29 du tarif.

Art. 29.—§ 1er. Pour l'original d'une sommation d'être présent à la prestation d'un serment ordonné [Pr. 121];

§ 2. D'une signification de jugement à domicile [Pr. 147];

§ 3. De signification d'un jugement de jonction par un huissier commis [Pr. 153];

§ 4. De signification d'un jugement par défaut, contre partie, par un huissier commis [Pr. 156];

§ 5. D'opposition au jugement par défaut rendu contre partie [Pr. 162];

§ 6. De sommation aux experts et aux dépositaires des pièces de comparaison en vérification d'écriture [Pr. 204];

§ 7. De signification aux dépositaires de l'ordonnance ou du jugement qui porte que la minute de la pièce sera apportée au greffe [Pr. 223];

§ 8. D'assignation aux témoins dans les enquêtes [Pr. 260, 261]; D'assignation à la partie contre laquelle se fait l'enquête;

§ 9. De signification de l'ordonnance du juge-commissaire pour faire prêter serment aux experts [Pr. 307];

§ 10. De signification de la requête et de l'ordonnance pour faire subir interrogatoire sur faits et articles [Pr. 329];

§ 11. De la signification du jugement rendu par défaut contre partie, sur demande en reprise d'instance, ou en constitution de nouvel avoué, par un huissier commis [Pr. 350];

§ 12. De signification du désaveu [Pr. 355];

§ 13. De signification du jugement portant permission d'assigner en règlement de juges, contenant assignation [Pr. 365];

§ 14. Pour l'original d'une demande formée au tribunal de commerce [Pr. 415];

§ 15. D'une sommation de comparaître devant les arbitres ou experts nommés par le tribunal de commerce [Pr. 429];

§ 16. De signification de jugement par défaut du tribunal de commerce, par un huissier commis [Pr. 435];

§ 17. Pour l'original d'opposition au jugement par défaut rendu par le tribunal de commerce, contenant les moyens d'opposition et assignation [Pr. 436, 437];

§ 18. De signification des jugements contradictoires [Pr. 439];

§ 19. De l'acte de présentation de caution, avec sommation à jour et heure fixes, de se présenter au greffe, pour prendre communication des titres de la caution et assignation à l'audience, en cas de contestation, pour y être statué [Pr. 440, 441];

§ 20. Original d'un appel de jugement des tribunaux de première instance et de commerce, contenant assignation et constitution d'avoué [Pr. 456];

§ 21. De signification de jugement des héritiers collectivement au domicile du défunt [Pr. 447];

§ 22. D'une réquisition aux tribunaux de juger dans la personne du greffier [Pr. 507];

§ 23. De signification, de la requête et du jugement qui admet une prise à partie [Pr. 514];

§ 24. De signification de la présentation de caution, avec copie de l'acte de dépôt au greffe des titres de solvabilité de la caution [Pr. 418];

§ 25. De signification de l'ordonnance du juge commis pour entendre un compte, et sommation de se trouver devant lui, aux jour et heure indiqués, pour être présent à la présentation et affirmation [Pr. 534];

§ 26. D'un exploit de saisie-arrêt ou opposition contenant énonciation de la somme pour laquelle elle est faite, et des titres, ou de l'ordonnance du juge [Pr. 557, 558 et 559];

§ 27. De la dénonciation au saisi de la saisie-arrêt, ou opposition, avec assignation en validité [Pr. 563];

§ 28. De la dénonciation au tiers saisi de la demande en validité formée contre le débiteur saisi [Pr. 564];

§ 29. De l'assignation au tiers saisi pour faire sa déclaration [Pr. 570];

§ 30. D'un commandement pour parvenir à une saisie-exécution [Pr. 583, 584];

§ 31. De la notification de la saisie-exécution faite hors du domicile du saisi, et en son absence [Pr. 602];

§ 32. D'une assignation en référé à la requête du gardien qui demande sa décharge [Pr. 606];

D'une sommation à la partie saisie, pour être présente au récolement des effets saisis, quand le gardien a obtenu sa décharge;

§ 33. D'une opposition à vente, à la requête de qui se prétend propriétaire des objets saisis, entre les mains du gardien [Pr. 608];

De dénonciation de cette opposition au saisissant et au saisi, avec assignation libellée, et l'énonciation des preuves de propriété;

Le gardien ne pourra être assigné;

§ 34. D'une opposition sur le prix de la vente, qui en contiendra les causes [Pr. 609];

§ 35. D'une sommation au premier saisissant de faire vendre [Pr. 612];

§ 36. D'une sommation à la partie saisie, pour être présente à la vente qui ne serait pas faite au jour indiqué par le procès-verbal de saisie-exécution [Pr. 614];

§ 37. Pour l'original du commandement qui doit précéder la saisie-brandon [Pr. 626];

§ 38. De dénonciation de la saisie-brandon au garde champêtre, gardien de droit de ladite saisie, et qui ne sera pas présent au procès-verbal [Pr. 628];

§ 39. Pour l'original du commandement qui doit précéder la saisie de rentes constituées sur particuliers [Pr. 636];

§ 40. De dénonciation à la partie saisie de l'exploit de saisie de rentes constituées sur particuliers [Pr. 641];

§ 41. D'une sommation aux créanciers de produire dans les contributions, et à la partie saisie de prendre communication des pièces produites, et de contredire s'il y échet [Pr. 659, 660];

§ 42. D'une sommation à la partie saisie qui n'a point d'avoué constitué, à la requête du propriétaire, de comparaître en référé devant le juge-commissaire, pour faire statuer préliminairement sur son privilége pour raison des loyers à lui dus [Pr. 661];

§ 43. De dénonciation à la partie saisie, qui n'a point d'avoué constitué, de la clôture du procès-verbal du juge-commissaire, en contribution, avec sommation d'en prendre communication, et de contredire sur le procès-verbal dans la quinzaine [Pr. 663];

Les §§ 44, 45, 46, 47, 48 et 49, qui sont relatifs à l'original du commandement tendant à expropriation, de la notification, de l'acte d'apposition de placards, de la notification aux créanciers inscrits, de l'acte de consignation du prix de la vente, postérieure à la saisie immobilière, de la notification d'un exemplaire du placard aux créanciers inscrits, de la demande en distraction, de la notification au greffier de l'appel du jugement qui statue sur les nullités de la saisie immobilière, sont abrogés par l'art. 20 de l'ordonnance du 10 octobre 1841, laquelle règle le nouveau tarif des frais d'expropriation. — Il est inutile de les reproduire ici. On les retrouvera, en note, sous l'art. 3 de l'ordonnance du 10 octobre 1841.

§ 50. De sommation aux créanciers inscrits de produire dans les ordres [Pr. 753];

§ 51. D'assignation en référé dans les cas d'urgence, ou lorsqu'il s'agit de statuer sur des difficultés relatives à l'exécution d'un titre exécutoire ou d'un jugement [Pr. 807];

§ 52. De signification d'une ordonnance sur référé [Pr. 809];

§ 53. D'une sommation d'être présent à la consignation d'une somme offerte, — de dénonciation du procès-verbal de la chose ou de la somme consignée, au créancier qui n'était pas présent à la consignation [C. C. 1259];

§ 54. De sommation au créancier d'enlever le corps certain qui doit être livré au lieu où il se trouve [C. C. 1264];

§ 55. D'un commandement à la requête des propriétaires et principaux locataires de maisons ou biens ruraux à leurs locataires, sous-locataires et fermiers, pour paiement des loyers et fermages échus [Pr. 819];

§ 56. De la notification aux créanciers inscrits de l'extrait du titre du nouveau propriétaire, de la transcription et du tableau prescrit par l'art. 2183 du Cod. civ. [C. C. 2183];

§ 57. D'une assignation et sommation à un notaire, et aux parties intéressées s'il y a lieu, pour avoir expédition d'un acte parfait [Pr. 839];

§ 58. D'un acte non enregistré ou resté imparfait [Pr. 841];

§ 59. Ou d'une seconde grosse [Pr. 844];

§ 60. D'une sommation à la requête de la femme à son mari, de l'autoriser [Pr. 861];

§ 61. D'une demande à domicile, à fin de rectification d'un acte de l'état civil [Pr. 856];

§ 62. D'une demande en séparation de corps [Pr. 876];

§ 63. D'une demande en divorce pour cause déterminée [C. C. 241];

§ 64. D'ajournement pour demander la réformation d'un avis du conseil de famille qui n'a pas été unanime [Pr. 883];

§ 65. De l'opposition formée à la requête des membres du conseil de famille, à l'homologation de la délibération [Pr. 888];

§ 66. De sommation aux parties qui doivent être appelées à la vente des meubles dépendant d'une succession [Pr. 947];

§ 67. De sommation aux copartageants de comparaître devant le juge-commissaire [Pr. 976];

§ 68. De sommation aux parties pour assister à la clôture du procès-verbal de partage chez le notaire [Pr. 980];

§ 69 De sommation, à la requête d'un créancier, à l'héritier bénéficiaire de donner caution [Pr. 992];

§ 70. De sommation aux arbitres de se réunir au tiers arbitre pour vider le partage [Pr. 1018];

§ 71. De tout exploit contenant sommation de faire une chose, ou opposition à ce qu'une chose soit faite, protestation de nullité, et généralement de tous actes simples du ministère des huissiers, non compris dans la deuxième partie du présent tarif :

Émoluments.

A Paris, Bordeaux, Lyon, Rouen, Toulouse, Marseille, Lille et Nantes	2 f. 00 c.
Dans les villes où il y a une Cour d'appel, ou dont la population excède 30,000 habitants.	1 80
Partout ailleurs	1 50

Débours.

Enregistrement, décime compris (1).	2 f 20 c.
Timbre.	

Pour chaque copie, le quart de l'original.

Indépendamment des copies de pièces qui n'auront pas été faites par les avoués, et qui seront taxées comme il a été dit ci-dessus (art. 28) (2).

NOTA. Les débours d'enregistrement, pour ceux des actes énu-

(1) Loi du 28 nov 1816, art 43, n° 13; loi du 6 prair. an VII, et loi du 2 juill. 1862, art. 14.

(2) EXPROPRIATION POUR CAUSE D'UTILITÉ PUBLIQUE

Droits et émoluments des huissiers pour les actes qu'ils signifient dans les expropriations pour cause d'utilité publique. (Ces droits sont invariables et indépendants des localités)

Il y a un tarif particulier pour les frais faits par les huissiers dans les expropriations pour cause d'utilité publique. Il est établi dans une ordonnance royale des 18-20 septembre 1833 En voici les dispositions, en ce qui concerne ces officiers ministériels.

CHAP. Ier. — *Des huissiers.*

ART 1er Il sera alloué à tous huissiers 1 fr pour l'original.

1° De la notification de l'extrait du jugement d'expropriation aux personnes désignées dans les art. 15 et 22 de la loi du 7 juill. 1833;

2° De la signification de l'arrêt de la Cour de cassation (art. 20 et 42 de ladite loi);

3° De la dénonciation de l'extrait du jugement d'expropriation aux ayants droit mentionnés aux art. 21 et 22;

4° De la notification de l'arrêté du préfet qui fixe la somme offerte pour indemnités (art. 23);

5° De l'acte portant acceptation des offres faites par l'administration, avec signification, s'il y a lieu, des autorisations requises (art. 24, 25 et 26);

6° De l'acte portant convocation des jurés et des parties, avec notification aux parties d'une expédition de l'arrêt par lequel la Cour royale a formé la liste du jury (art. 31 et 33),

7° De la notification au juré défaillant de

mérés dans les divers paragraphes de l'art. 29, qui sont faits, à l'occasion de procédures devant les Cours impériales, jusques et y compris la signification de l'arrêt définitif, sont de 3 fr. 30 cent. (décime compris), aux termes dé l'art. 44, nº 7, de la loi du 28

---

l'ordonnance du directeur du jury, qui l'a condamné à l'amende (art. 32);

8° De la notification de la décision du jury, revêtue de l'ordonnance d'exécution (art 41);

9° De la sommation d'assister à la consignation, dans le cas où il n'y aura pas eu d'offres réelles (art 54);

10° De la sommation au préfet pour qu'il soit procédé à la fixation de l'indemnité (art. 55);

11° De l'acte contenant réquisition, par le propriétaire, de la consignation des sommes offertes, dans le cas où cette réquisition n'a pas été faite par l'acte même d'acceptation (art 59);

12° Et généralement de tous actes simples auxquels pourra donner lieu l'expropriation.

Art. 2 Il sera alloué à tous huissiers 1 fr. 50 c pour l'original :

1° De la notification du pourvoi en cassation formé, soit contre le jugement d'expropriation, soit contre la décision du jury (art 20 et 42);

2° De la dénonciation faite au directeur du jury, par le propriétaire ou l'usufruitier, des noms et qualités des ayants droit mentionnés au § 1er de l'art. 21 de la loi précitée (art. 21 et 22);

3° De l'acte par lequel les parties intéressées font connaître leurs réclamations (art. 18, 21, 39, 52 et 54);

4° De l'acte d'acceptation des offres de l'administration, avec réquisition de consignation (art. 24 et 29);

5° De l'acte par lequel la partie qui refuse les offres de l'administration indique le montant de ses prétentions (art. 17, 24, 28 et 53);

6° De l'opposition formée par un juré à l'ordonnance du magistrat directeur du jury, qui l'a condamné à l'amende (art 32),

7° De la réquisition du propriétaire tendant à l'acquisition de la totalité de son immeuble (art. 50);

8° De la demande à fin de retrocession des terrains non employés a des travaux d'utilité publique (art. 60 et 61);

9° De la demande tendant à ce que l'indemnité d'une expropriation déjà commencée soit réglée conformément à la loi du 9 juillet 1833 (art. 68);

10° Enfin, de tous actes qui, par leur nature, pourront être assimilés a ceux dont l'énumération précède

Art 3. Il sera alloué à tous huissiers, pour l'original :

1° Du procès-verbal d'offres réelles, contenant le refus ou l'acceptation des ayants droit, et sommation d'assister à la consignation (art 53), 2 fr. 25 c.;

2° Du procès-verbal de consignation, soit qu'il y ait ou non offres réelles (art 52, 53 et 54), 4 fr.

Art. 4. Il sera alloué pour chaque copie des exploits ci-dessus le quart de la somme fixée pour l'original

Art. 5. Lorsque les copies des pièces dont la notification a lieu, en vertu de la loi, seront certifiées par l'huissier, il lui sera payé 30 c. par chaque rôle, évalué à raison de vingt-huit lignes à la page, et quatorze à seize syllabes a la ligne (art 57).

Art 6 Les copies des pieces déposées dans les archives de l'administration qui seront réclamées par les parties dans leur intérêt pour l'exécution de la loi, et qui seront certifiées par les agents de l'administration, seront payees à l'administration sur le meme taux que les copies certifiees par les huissiers.

Art 7. Il sera alloué à tous huissiers 50 cent pour visa de leurs actes, dans le cas où cette formalité est prescrite. — Ce droit sera double si le refus du fonctionnaire qui doit donner le visa oblige l'huissier à se transporter auprès d'un autre fonctionnaire

Art. 8. Les huissiers ne pourront rien réclamer pour le papier des actes par eux notifiés, ni pour l'avoir fait viser pour timbre.

Ils emploieront du papier d'une dimension égale au moins à celle des feuilles assujetties au timbre de 70 cent. (1 franc) (A).

(A) Il y a une observation à faire, quant *au timbre et à l'enregistrement* des actes des huissiers et autres, c'est que l'art 58 de la loi du 3 mai 1841, *sur l'expropriation pour cause d'utilité publique*, dispose que les plans, procès-verbaux, certificats, significations, jugements, contrats, quittances, etc., faits en vertu de cette loi, seront portés sur papier *visé pour timbre* et enregistré *gratis*.

avril 1816 et des lois des 6 prairial an VIII et 2 juillet 1862, art. 14. L'enregistrement des exploits d'appel, § 20, est de 11 fr., décime compris; Loi du 22 frimaire an VII, § 5.

§ 2. — *Actes de seconde classe et procès-verbaux.*

Art. 30. — Pour l'original de la récusation du juge de paix, qui en contiendra les motifs et qui sera signé par la partie ou son fondé de pouvoir spécial, ainsi que la copie [Pr. 45] :

Émoluments.

A Paris, Bordeaux, Lyon, Rouen, Toulouse, Marseille, Lille et Nantes	3 f. 00 c.
Dans les villes où il y a une Cour d'appel, ou dont la population excède 30,000 habitants	2 70
Dans les villes où il y a un tribunal de 1re instance et dans les autres villes et cantons ruraux.	2 25

Débours.

Enregistrement, décime compris (1).	1 f. 65 c.
Timbre.	

Et pour la copie, le quart.

Observations.

La copie de l'acte de récusation est donnée au greffier qui *vise* l'original. Cette copie me paraît destinée à devenir une minute de son greffe; car c'est sur cette pièce que le juge de paix doit consigner sa réponse (Cod. proc. civ., art. 46).

Le greffier fait du tout une expédition pour être envoyée par lui au procureur impérial de l'arrondissement (même Code, art. 47).

1re QUESTION.

Lorsque l'acte de récusation est signé par un fondé de pouvoir, l'huissier a-t-il droit à un émolument pour la copie de la procuration ?

Je ne le crois pas, parce que cette procuration me paraît devoir être annexée à la copie, laissée aux mains du greffier, qui, comme je viens de le dire, se transforme en minute du greffe, sans qu'il soit besoin d'aucun acte de dépôt, et par la seule force des énonciations consignées par l'huissier dans son exploit.

Je préfère cette solution à celles qui ont été données par les auteurs qui ont examiné la question, parce qu'elle me paraît avoir l'avantage d'être plus simple et d'économiser les frais. MM. DALLOZ, v° *Frais et dépens*, n° 322; BOUCHER-D'ARGIS,

(1) Loi du 19 juill. 1845, art. 5; loi du 6 prair. an VII.

pag. 217, n° 14, et CHAUVEAU et GODOFFRE, n° 724, pensent au contraire que la copie est nécessaire et qu'elle doit être passée à l'huissier : je ne saurais approuver leur opinion.

2e QUESTION.

L'huissier peut-il réclamer le droit du *visa* que le greffier du juge de paix doit apposer sur l'original de son exploit ?

Oui, dirais-je sans hésiter, si MM. Boucher-d'Argis, p. 184, et Dalloz, v° *Frais et dépens,* n° 323, n'avaient dit : non.

Cette contradiction m'oblige à ne pas m'en tenir à une simple affirmation et à fournir les preuves de mon opinion. Les voici :

L'art. 23, § 2, du tarif de 1897, porte :

« Il ne sera rien alloué *aux huissiers des juges de paix* pour *visa* par le greffier de la justice de paix, ou par les maires et adjoints des communes du canton, *dans les différents cas prévus par le Code de procédure.* »

Cet article fait partie du liv. 1er, chap. 3 du tarif, intitulé : TAXE DES HUISSIERS DES JUGES DE PAIX.

Or ce chapitre énumère et tarife, à des taux comparativement très-réduits, les actes que *les huissiers des juges de paix* (qui n'étaient pas en 1807, comme aujourd'hui, tous les huissiers du canton) font dans les affaires de la compétence de cette juridiction.

Le § 2 de l'article 23 avait évidemment un sens limité à ces actes, *dans les différents cas* (relatifs à ces actes) *prévus par le Code de procédure.*

Il l'avait d'autant mieux qu'il est une exception au principe général posé dans le § 4 de l'art. 66, qui accorde aux huissiers ordinaires un droit de *visa pour tous les actes qui y sont assujettis.*

L'art. 30 est placé sous cette rubrique : DE LA TAXE DES HUISSIERS ORDINAIRES, au liv. 2, tit. 1er.

Il tarife un acte assez important pour être rangé dans la 2e classe, acte qui n'a aucun rapport avec ceux faits dans les affaires de la juridiction du juge de paix, puisqu'au contraire il a pour objet de le dessaisir et d'obtenir son déport volontaire ou forcé par un ajournement personnel devant le tribunal d'arrondissement. Cet acte, qui n'est respectueux que dans la forme, n'est plus de la compétence exclusive des huissiers de justice de paix. Ils ne le font que comme huissiers ordinaires et suivant les prescriptions de l'art. 45 du Code de procédure civile. « La « partie qui voudra récuser un juge de paix sera tenue de former « sa récusation et d'en exposer les motifs par un acte qu'elle

« fera signifier *par le premier huissier requis*, au greffier du « juge de paix *qui visera l'original.* »

Voilà qui ne laisse aucun doute, à mon avis, sur le caractère de l'acte de récusation assujetti au visa, et qui lui rend applicable le § 4 de l'article 66 du tarif, qui, comme je viens de le démontrer, contient la règle générale.

3e QUESTION.

Les indemnités de transport, quand il a lieu, doivent-ils être réglés par l'art. 66 du tarif?

Cette question a beaucoup d'analogie avec la précédente ; elle doit être résolue pour l'affirmative par les mêmes principes.

Voyez dans le même sens sur les deux questions Chauveau et Godoffre, nos 725 et 727.

4e QUESTION.

L'art. 30 du tarif est-il applicable aux récusations des memdres du conseil des prud'hommes?

Cela ne doit pas faire question, car les articles 54, 55, 56 et 57 du décret du 20 février 1810, qui déterminent les cas de récusation des membres du conseil de prud'hommes, et les formalités à suivre pour la proposer, sont la reproduction textuelle et sans variante des articles 44, 45, 46 et 47 du Code de procédure civile.

Ainsi les 1re, 2e et 3e questions qui précèdent se représentent identiques, dans ce cas particulier, et elles y sont susceptibles des mêmes solutions.

Nota. Le point de savoir si, dans certaines circonstances, le juge de paix et les prud'hommes récusés peuvent être condamnés aux dépens de l'instance en récusation, est une question étrangère aux tarifs et à la taxe : je ne crois pas utile de l'examiner.

Art. 31. — Pour un procès-verbal de saisie-exécution qui durera trois heures, y compris le temps nécessaire pour requérir, soit le juge de paix, soit le commissaire de police, ou les maires et adjoints en cas de refus d'ouverture de porte :

Émoluments.

A Paris, Bordeaux, Lyon, Rouen, Toulouse, Marseille, Lille et Nantes, y compris 1 fr. 50 c. pour chaque témoin	8 f. 00 c.
Dans les villes où il y a une Cour d'appel, ou dans celles dont la population excède 30.000 habitants, y compris 1 fr. 35 c. pour chaque témoin.	7 20

Dans les villes où il y a un tribunal de 1re instance, dans les autres villes et cantons ruraux, y compris 1 fr. pour chaque témoin 6 00

Débours.

Enregistrement, décime compris. . . . . 2 f. 20 c.
Timbre. . . . .

§ 2. Si la saisie dure plus de trois heures, pour chacune des vacations subséquentes aussi de trois heures :

Émoluments.

A Paris, Bordeaux, Lyon, Rouen. Toulouse, Marseille, Lille et Nantes, y compris 80 c. pour chaque témoin. 5 f. 00 c.
Dans les villes où il y a une Cour d'appel, ou dont la population excède 30,000 habitants, y compris 72 c. pour chaque témoin 4 50
Dans les villes où il y a un tribunal de 1re instance, et dans les autres villes et cantons ruraux, y compris 60 c. pour chaque témoin. 3 75

Dans les taxes ci-dessus se trouvent comprises les copies pour la partie saisie et pour le gardien.

Observations.

1° Lorsqu'il n'y a qu'une vacation, elle doit être payée comme complète, quoiqu'elle n'ait pas duré trois heures ; on décide cela par analogie des vacations attribuées aux juges de paix par l'art. 1er du tarif.

2° *Quid* si la saisie dure plus de trois heures et moins de six? Est-il dû un émolument proportionnel à la vacation commencée?

Il paraît juste et naturel de l'accorder ; car en cela, comme en autre chose, on ne doit exiger de personne de travail utile sans lui accorder l'émolument proportionnel. C'est donc une obligation naturelle qu'il faut acquitter, si aucune loi n'en dispense.

3° Les frais de transport, dans les cas de l'art. 66, doivent être accordés, en sus des droits tarifés par l'art. 31 ; c'est une observation qu'il sera inutile de répéter pour les autres actes d'huissier. Mais cela ne doit pas s'appliquer aux témoins, parce qu'il est toujours facile de les prendre dans un lieu rapproché de la saisie (V. M. Chauveau, *Comm. du tarif*, 2e éd., n° 2798).

Il va de soi aussi que l'huissier ne peut faire que trois vacations par jour, dans le lieu de sa résidence (art. 151, § 5). Quant à la copie, l'huissier n'est pas obligé d'en donner autant qu'il y

4

a de séances. Il la donne, en entier, quand son procès-verbal est terminé.

4° Les copies étant comprises dans l'émolument alloué pour l'original, on doit comprendre dans les vacations le temps de les faire.

5° Si la partie saisissante avait choisi un huissier éloigné du domicile du saisi, et qu'il apparût une intention évidente de vexation, on devrait laisser à son compte les frais de transport; mais il n'y a aucun doute qu'ils sont dus à l'huissier qui a accepté la mission de bonne foi. Cette bonne foi doit être présumée quand le contraire n'apparaît pas (V. arrêt d'Orléans du 17 fév. 1830, rapporté par M. Chauveau, 2e vol., p. 114; V. aussi la 5e question sous l'art. 60, § 1er).

6° Le procès-verbal de carence doit-il être assimilé au procès-verbal de saisie? M. Chauveau, page 115, pense qu'il a plus d'analogie avec le procès-verbal de récolement, tarifé par l'art. 36. Nous partageons complétement cette manière de voir.

Art. 32. — Vacation du commissaire de police qui aura été requis pour être présent à l'ouverture des portes, et des meubles fermant à clef, ou aux maires et adjoints, si ces derniers le requièrent [Pr. 587] :

Émoluments.

A Paris, Bordeaux, Lyon, Rouen, Toulouse, Marseille, Lille et Nantes	5 f. 00 c.
Dans les villes où il y a une Cour d'appel, et dans celles dont la population excède 30,000 habitants	4 50
Dans les villes où il y a un tribunal de 1re instance	3 75
Dans les autres villes et cantons ruraux	2 50

Débours.

Enregistrement, décime compris	1 f. 10 c.
Timbre	

Observations.

Quant au juge de paix, il ne lui est plus accordé d'émoluments, hors des cas prévus par l'ordonnance du 6 décembre 1845 (V. liv. 1er); et de ce qu'il n'y a aucun émolument fixé pour le greffier, il faut induire que sa présence n'est pas nécessaire.

Par analogie du cas prévu dans l'art. 6, § 1er, on doit décider que l'émolument du commissaire de police, et des maires et adjoints, doit être fixé par vacation et non pas pour le tout.

Art. 33. — Vacation de l'huissier pour déposer au lieu établi pour les consignations, ou entre les mains du dépositaire qui sera convenu, les deniers comptants qui pourraient avoir été trouvés [Pr. 590] :

Émoluments.

A Paris, Bordeaux, Lyon, Rouen, Toulouse, Marseille, Lille et Nantes	2 f. 00 c.
Dans les villes où il y a une Cour d'appel, et dans celles dont la population excède 30,000 habitants.	1 80
Dans les villes où il y a un tribunal de 1re instance.	1 50
Dans les autres villes et cantons ruraux	1 50

Observations.

Je crois que l'art. 66 ne permet pas qu'on mette en question le droit de transport, quand il y a lieu. Cet émolument doit être accordé. C'est d'ailleurs l'opinion de tous ceux qui ont écrit sur le tarif.

Art. 34. — Les frais de garde seront taxés pour chaque jour pendant les douze premiers jours [Pr. 596] :

Émoluments.

A Paris, Bordeaux, Lyon, Rouen, Toulouse, Marseille, Lille et Nantes	2 f. 50 c.
Dans les villes où il y a une Cour d'appel, et dans celles dont la population excède 30,000 habitants.	2 25
Dans les villes où il y a un tribunal de 1re instance.	2 00
Dans les autres villes et cantons ruraux	1 50

Ensuite seulement, à raison de :

A Paris, Bordeaux, Lyon, Rouen, Toulouse, Marseille, Lille et Nantes	1 f. 00 c.
Dans les villes où il y a une Cour d'appel, et dans celles dont la population excède 30,000 habitants.	0 90
Dans les villes où il y a un tribunal de 1re instance.	0 80
Dans les autres villes et cantons ruraux	0 60

Observations.

1° Par arrêt du 19 août 1825 (Dalloz, 27.2.121), il a été jugé que les salaires doivent être adjugés au gardien, à tant par jour, jusqu'à sa décharge, et sans qu'il soit permis au juge de les modérer, sous le prétexte qu'il n'y a pas eu garde effective jusque-là ; qu'il n'y a pas lieu d'adopter la disposition de l'ordonnance de 1667 qui n'allouait ces frais que pendant un an, attendu qu'elle a été abrogée. Dans l'espèce, la garde avait duré depuis le 17 mai 1810 jusqu'au 27 avril 1813.

2° Le gardien qui a laissé soustraire une partie des objets

saisis n'a point droit au salaire de l'art. 34 (Bordeaux, 21 déc. 1827 ; Dalloz, 30.2.113 ; Poitiers, 20 janv. 1826).

3° Au cas de nullité de la saisie, le gardien n'a de recours que contre le saisissant, dont il est l'homme (Bordeaux, 17 mars 1831 ; Dalloz, 31.2.210).

Art. 35. — Pour un procès-verbal de récolement des effets saisis quand le gardien a obtenu sa décharge [P. 606] :

Émoluments.

A Paris, Bordeaux, Lyon, Rouen, Toulouse, Marseille, Lille et Nantes. . . . . 3 f. 00 c.
Dans les villes où il y a une Cour d'appel, et dans celles dont la population excède 30,000 habitants. 2 70
Dans les villes où il y a un tribunal de 1re instance, et dans les autres villes et cantons ruraux. 2 25

Débours.

Enregistrement, décime compris . . . . 2 f. 20 c.
Timbre. . . . .

Ce procès-verbal ne contiendra aucun détail, si ce n'est pour constater les effets qui pourraient se trouver en déficit, et l'huissier ne sera point assisté de témoins.

Il sera donné copie du procès-verbal de récolement au gardien qui aura obtenu sa décharge ; il remettra la copie de la saisie qu'il avait entre les mains au nouveau gardien, qui se chargera du contenu sur le procès-verbal de récolement.

Pour chacune des copies à donner du procès-verbal de récolement, le quart de l'original.

Débours.

Timbre. . . . . . .

Art. 36. — Dans le cas de saisie antérieure et d'établissement de gardien, pour le procès-verbal de récolement sur le premier procès-verbal que le gardien sera tenu de représenter, et qui, sans entrer dans aucun détail, et *contenant* seulement la saisie des effets omis, et sommation au premier saisissant de vendre, témoins compris, et deux copies, sera taxé [Pr. 611] :

Émoluments.

A Paris, Bordeaux, Lyon, Rouen, Toulouse, Marseille, Lille et Nantes. . . . . 6 f. 00 c.
Dans les villes où il y a une Cour d'appel, et dans celles dont la population excède 30,000 habitants. 5 40
Dans les villes où il y a un tribunal de 1re instance, et dans les autres villes et cantons ruraux. 4 50
Et pour une troisième copie, s'il y a lieu, le quart de l'original.

Débours.

Enregistrement, décime compris. . . . . 2 f 20 c.
Timbre de l'original et des copies. . . . .

Observations.

Cet article , dont la construction grammaticale n'est pas heureuse, n'indique pas quelle sera la somme à allouer aux témoins. Cela n'a peut-être jamais offert de difficulté, parce que les témoins se sont toujours parfaitement entendus avec l'huissier, puisqu'il lui est loisible de choisir les plus accommodants.

Mais si la discussion avait lieu, il faudrait décider que le salaire des témoins ne devrait pas descendre au-dessous de celui fixé par l'art. 31, § 2, pour le *minimum,* c'est-à-dire, pour Paris, 80 centimes, et partout ailleurs, 60 centimes.

Art. 37. — Pour le procès-verbal de récolement qui précédera la vente, et qui ne contiendra aucune énonciation des effets saisis, mais seulement de ceux en déficit, s'il y en a, y compris les témoins [Pr. 616] :

Émoluments.

A Paris, Bordeaux, Lyon, Rouen, Toulouse, Marseille, Lille et Nantes. . . . . 6 f. 00 c.
Dans les villes où il y a une Cour d'appel, et dans celles où la population excède 30,000 habitants. . . 5 40
Dans les villes où il y a un tribunal de 1re instance, et dans les autres villes et cantons ruraux. 4 50

Il n'en sera point donné de copie.

Débours.

Enregistrement, décime compris. . . . . 2 f. 20 c.
Timbre. . . . .

Observations.

Il faut remarquer qu'encore qu'il n'ait pas été donné de copie de ce procès-verbal, il est tarifé comme le précédent. Cette différence ne s'explique pas, mais il faut exécuter la loi telle qu'elle est,

Art. 38. — S'il y a lieu au transport des effets saisis, l'huissier sera remboursé de ses frais, sur les quittances qu'il en représentera, ou sur sa simple déclaration, si les voituriers et gens de peine ne savent écrire, ce qu'il constatera par son procès-verbal de vente [Pr. 617] :

§ 2. Il sera alloué à l'huissier, *ou autre officier qui procédera* à la vente, pour la rédaction de l'original du placard qui doit être affiché :

Émoluments.

A Paris et partout ailleurs . . . . 1 f. 00 c.

Débours.

Enregistrement, décime compris . . . . 2 f. 20 c.
Timbre. . . . .

§ 3. Pour chacun des placards s'ils sont manuscrits (*ils doivent être timbrés*) (1) :

A Paris et partout ailleurs. . . . . 0 f. 50 c.

§ 4. Et s'ils sont imprimés, l'officier qui procédera à la vente en sera remboursé sur les quittances de l'imprimeur et de l'afficheur (*y compris le timbre*).

Observations.

Lorsque les affiches sont manuscrites, n'est-ce pas l'huissier qui doit les apposer lui-même ? Il paraît d'autant plus déraisonnable de l'y obliger, que le tarif ne lui accorde aucun déboursé pour cet objet, c'est l'opinion de M. Sudraud-Desisles (p. 64, n° 190) ; mais il est repris par M. Chauveau (2e vol., p. 45, n° 26). Ce dernier commentateur prétend que l'opinion de M. Sudraud n'est pas suivie dans la pratique. Mais dans la dernière édition, *Comm. du tarif*, n° 2867, M. Chauveau reconnaît qu'il n'y a pas de distinction à faire entre les affiches qui sont manuscrites et celles qui sont imprimées.

Art. 39. — § 1. Pour l'original de l'exploit qui constatera l'apposition des placards, dont il ne sera point donné de copie :

Émoluments.

A Paris, Bordeaux, Lyon, Rouen, Toulouse, Marseille, Lille et Nantes . . . . 3 f. 00 c.
Dans les villes où il y a une Cour d'appel, ou dans celles dont la population excède 30,000 habitants. 2 70
Dans les villes où il y a un tribunal de 1re instance, et dans les autres villes et cantons ruraux. 2 25

Débours.

Enregistrement, décime compris. 2 f. 20 c.
Timbre. . . . .

§ 3. Il sera passé, en outre, la somme qui aura été payée pour

---

(1) Ils sont même assujettis au timbre de dimension (décis. du min. des fin. du 10 mai 1854).

l'insertion de l'annonce de la vente dans le journal, si la vente est faite dans une ville où il s'en imprime;

§ 4. Pour chaque vacation de trois heures, à la vente, le procès-verbal compris, il sera taxé à l'huissier, dans les lieux où ils *sont* autorisés à la faire :

Émoluments.

A Paris, Bordeaux, Lyon, Rouen, Toulouse, Marseille, Lille et Nantes	8 f. 00 c.	
Dans les villes où il y a une Cour d'appel, et dans celles dont la population excède 30,000 habitants.	7 20	
Dans les villes où il y a un tribunal de 1re instance.	5 00	
Dans les autres villes et cantons ruraux.	4 00	
Et à Paris, où les ventes sont faites par les commissaires-priseurs, il sera alloué à l'huissier, pour requérir le commissaire-priseur, une vacation de.	2 00	(1)

Débours.

Enregistrement : pour 100 fr.	2 f. 20 c.
Timbre	

Observations.

La signature de l'imprimeur du journal, dans lequel l'inser-

---

(1) Lorsque la vente a lieu par le ministère d'un commissaire-priseur, le tarif de 1807 est-il encore applicable pour la taxe de ses droits?

Il est certain que, dans le principe, les emoluments des commissaires-priseurs, pour les ventes dont il s'agit, ont dû être réglés par ce décret, dont l'art. 38 porte « *Il sera* « *alloué à l'huissier ou autre officier qui* « *procédera à la vente pour la rédaction* « *de l'original du placard* »

Mais il doit en être autrement aujourd'hui; la loi du 18-20 juin 1843 a reglé d'une manière générale les droits des commissaires-priseurs pour les ventes auxquelles ils procèdent. L'art. 1er porte « Il sera alloué aux commissaires-priseurs : 1° . : « 2° . .; 3° *pour tous droits de vente, non* « *compris les déboursés pour y parvenir,* « *et en acquitter les droits, non plus que* « *la rédaction des placards,* SIX POUR CENT « SUR LE PRODUIT DES VENTES, sans distinc« tion de résidence (A).

« 4° Pour expédition ou extrait de procès« verbaux de vente, s'ils sont requis, outre « le timbre, et pour chaque rôle de vingt« cinq lignes à la page et de quinze *syllabes* « *à la ligne,* 1 fr. 50 c.

« Pour consignation à la caisse, s'il y a « lieu.

« A Paris, Lyon, Bordeaux, « Rouen, Toulouse et Marseille	6 f. 00 c.
« Partout ailleurs. . . .	5 00

« Pour assistance à l'essai ou au poin« çonnage des matieres d'or et d'argent.

« A Paris, Lyon, Bordeaux, « Rouen, Toulouse et Marseille.	6 f. 00 c.
« Partout ailleurs. . .	5 00

Pour paiement des contributions, conformément aux dispositions des lois des 5-18 août 1791 et 12 nov. 1808.

A Paris, Lyon, etc. . . .	4 f. 00 c
Partout ailleurs	3 00

L'art. 10 de cette même loi abroge toutes les dispositions contraires. de sorte qu'il paraît hors de doute que le décret du 16 fév 1807 ne leur est plus applicable

Ont-ils droit, comme les huissiers, à un émolument pour faire taxer leurs frais? Non, car l'art 2 de la loi du 18-20 juin 1843 porte *que l'état des vacations, droits et remises alloues aux commissaires-priseurs sera delivré sans frais aux parties*

(A) Le décret du 5-8 nov 1851 établit un autre droit pour les ventes publiques de récoltes pendantes par racines et de coupes de bois taillis.

tion aura été faite devra, sans aucun doute, être légalisée ; mais il ne paraît pas que cette légalisation doive procurer aucun émolument à l'huissier ; elle est ordinairement faite par les soins du gérant, ou de l'imprimeur du journal, qui doit en porter dans son mémoire les frais, dont l'huissier est remboursé. Le certificat de l'imprimeur est soumis à l'enregistrement de 1 fr. 10 c.

Art. 40. — En cas d'absence de la partie saisie, son absence sera constatée, et il ne sera nommé aucun officier pour la représenter [Pr. 623] :

Art. 41. — § 1er. Dans le cas de publication sur les lieux où se trouvent les barques, chaloupes et autres bâtiments, prescrite par l'art. 620 du Code, et dans les cas d'exposition de la vaisselle d'argent, bagues et joyaux, ordonnée par l'art. 621, il sera alloué a l'huissier, pour chacune des deux premières publications ou expositions [Pr. 520, 621] :

Émoluments.

A Paris, Bordeaux, Lyon, Rouen, Toulouse, Marseille, Lille et Nantes.	6 f.	00 c.
Dans les villes où il y a une Cour d'appel, et dans celles dont la population excède 30,000 habitants.	5	40
Dans les villes où il y a un tribunal de 1re instance.	4	00
Dans les autres villes et cantons ruraux.	3	00

Débours.

Enregistrement du procès-verbal, décime compris.	2 f. 20 c.
Timbre.	

§ 2. La troisième publication ou exposition est comprise dans la vacation de vente.

§ 3. A Paris et dans les villes où il s'imprime des journaux, les vacations pour publication et exposition ne pourront être allouées aux huissiers, attendu qu'il doit y être suppléé par l'insertion dans un journal.

§ 4. Si l'expédition du procès-verbal de vente est requise par l'une des parties, il sera alloué à l'huissier, ou autre officier, qui aura procédé à la vente, par chaque rôle d'expédition, contenant vingt-cinq lignes à la page, et de dix à douze syllabes à la ligne :

Émoluments.

A Paris, Bordeaux, Lyon, Rouen, Toulouse. Marseille, Lille et Nantes.	1 f.	00 c.
Dans les villes où il y a une Cour d'appel, et dans celles dont la population excède 30,000 habitants.	0	90
Dans les villes où il y a un tribunal de 1re instance.	0	50
Dans les autres villes et cantons ruraux.	0	40

Débours.

Timbre, par deux rôles. . . . . 1 f 50 c.

Art. 42. — § 1er. Pour la vacation de l'huissier, ou autre officier qui aura procédé à la vente, pour faire taxer ses frais par le juge, sur la minute de son procès-verbal [Pr. 657] :

Émoluments.

A Paris, Bordeaux, Lyon, Rouen, Toulouse, Marseille, Lille et Nantes.	3 f.	00 c.
Dans les villes où il y a une Cour d'appel, et dans celles où la population excède 30,000 habitants. . .	2	70
Dans les villes où il y a un tribunal de 1re instance.	2	00
Dans les autres villes et cantons ruraux.	1	50

§ 2. Et pour consigner les deniers provenant de la vente (1) :

Émoluments.

A Paris.	3 f.	00 c.
Dans les villes où il y a une Cour d'appel, et dans celles où la population excède 30,000 habitants. . .	2	70
Dans les villes où il y a un tribunal de 1re instance.	2	00
Dans les autres villes et cantons ruraux.	0	50

Débours.

Timbre du récépissé. . . . . 0 f. 50 c

Art. 43. — § 1er. Pour un procès-verbal de saisie-brandon, contenant l'indication de chaque pièce, sa contenance et sa situation, deux au moins de ses tenants et aboutissants, et la nature des fruits, quand il n'y sera pas employé plus de trois heures [Pr. 627] :

Émoluments.

A Paris, Bordeaux, Lyon, Rouen, Toulouse, Marseille, Lille et Nantes.	6 f.	00 c.
Dans les villes où il y a une Cour d'appel, et dans celles où la population excède 30,000 habitants. . .	5	40
Dans les villes où il y a un tribunal de 1re instance.	5	00
Dans les autres villes et cantons ruraux.	4	00

Débours.

Enregistrement, décime compris . . . . 2 f. 20 c

Timbre. . . . .

§ 2. Et quand il y sera employé plus de trois heures, pour chacune des autres vacations aussi de trois heures :

(1) 1° Est-il dû une vacation à l'huissier pour payer les contributions?
2° Est-il dû un droit pour les ventes à terme autorisées par les ayants droit? Voir ces questions, p. 17 et 19.

Émoluments.

A Paris, Bordeaux, Lyon, Rouen, Toulouse, Marseille, Lille et Nantes.	5 f. 00 c.
Dans les villes où il y a une Cour d'appel, et dans celles où la population excède 30,000 habitants. . .	4 50
Dans les villes où il y a un tribunal de 1re instance. . .	4 00
Dans les autres villes et cantons ruraux.	3 00

L'huissier ne sera point assisté de témoins.

Art. 44. — Pour les copies à délivrer à la partie saisie, au maire de la commune et au garde champêtre, ou autre gardien, pour chacune, le quart de l'original [Pr. 628] :

Débours.

Timbre. . . . .

NOTA. Le surplus des actes sera taxé comme en saisie-exécution.

Art. 45. — § 1er. Il sera alloué pour frais de garde, soit au garde champêtre, soit à tout autre gardien qui pourrait être établi, aux termes de l'art. 628, pour chaque jour, savoir :

Au garde champêtre :

A Paris, Bordeaux, Lyon, Rouen, Toulouse, Marseille, Lille et Nantes.	0 f. 75 c.
Et partout ailleurs.	0 75
Dans les villes où il y a un tribunal de 1re instance. Dans les autres villes et cantons ruraux.	0 75

§ 2. Et à tout autre que le garde champêtre :

A Paris et partout ailleurs.	1 25

Art. 46. — Pour un exploit de saisie du fonds d'une rente constituée sur particuliers, contenant assignation au tiers saisi, en déclaration affirmative devant le tribunal [Pr. 637] :

Émoluments.

A Paris, Bordeaux, Lyon, Rouen, Toulouse, Marseille, Lille et Nantes.	4 f. 00 c.
Dans les villes où il y a une Cour d'appel, et dans celles où la population excède 30,000 habitants. . .	3 60
Partout ailleurs	3 00

Pour la copie, le quart.

Débours.

Enregistrement, décime compris.	2 f 20 c
Timbre.	

NOTA. La dénonciation des placards et tous les autres actes seront taxés comme en saisie immobilière.

Les art. 47, 48, 49 et 50, relatifs au procès-verbal de saisie immobilière et à ses copies, à la dénonciation des placards, ont été abrogés par l'art. 20 de l'ordonnance du 10 oct. 1841. Leur texte se trouve, plus loin, sous l'art. 4 de cette ordonnance.

Observations.

CONTRAINTE PAR CORPS.

L'art. 15 de la loi des 13-16 déc. 1848, relative à la contrainte par corps, porte *que, dans les trois mois qui suivront la promulgation de cette loi, un arrêté du pouvoir exécutif, rendu dans la forme des règlements d'administration publique, modifiera le tarif des frais en matière de contrainte par corps.*

Cet arrêté a été promulgué le 24-29 mars 1849. Il a remplacé et abrogé les art. 51 et 58 du décret du 16 fév. 1807, qui suivent, en note (1), ainsi que les art. 20 et 21 du décret du 14 mars 1808, concernant les gardes du commerce.

---

(1) ART. 51 (*abrogé*) (Proc. 780). Pour l'original de la signification du jugement qui prononce la contrainte par corps, avec commandement :

A Paris, Bordeaux, Lyon, Rouen, etc	3 f. 00 c.
Dans les villes où il y a une Cour d'appel, et dans celles où la population excède 30,000 âmes	2 70
Dans les villes où il y a un tribunal de première instance. .	2 00
Et dans les autres villes et cantons ruraux	1 25

Et pour la copie, le quart

ART. 52 (*abrogé*) (Proc 781) Vacation pour obtenir l'ordonnance du juge de paix, à l'effet, par ce dernier, de se transporter dans le lieu où se trouve le débiteur condamné par corps, et requérir son transport :

A Paris, Bordeaux, Lyon, Rouen, etc	2 f. 50 c.
Dans les villes où il y a une Cour d'appel et dans celles dont la population excède 30,000 âmes	2 25
Partout ailleurs .	2 00

ART 53 (*abrogé*) (Proc. 783, 789). Pour le procès-verbal d'emprisonnement d'un débiteur, y compris l'assistance de deux recors et l'écrou :

A Paris (A), Bordeaux, Lyon, Rouen, etc	60 f. 25 c
Dans les villes où il y a une Cour d'appel, et dans celles où la population excède 30,000 âmes . . .	54 23
Dans les villes où il y a un tribunal de première instance. .	40 00
Dans les autres villes et cantons ruraux	30 00

Il ne pourra être passé aucun procès-verbal de perquisition, pour lequel l'huissier n'aura point de recours, même contr sa partie, la somme ci-dessus lui étant attribuée en considération de toutes les démarches qu'il pourra faire.

ART 54 (*abrogé*) (Proc. 786). Vacation

(A) DES GARDES DU COMMERCE A PARIS.

Depuis le décret du 16 févr. 1807, le Code de commerce a été décrété le 10 sept. 1807, et promulgué à la fin du même mois ; il avait ordonné la création ou plutôt le rétablissement d'officiers publics qui seraient chargés de mettre à exécution les jugements portant contrainte par corps.

L'art. 625, en effet, prescrit l'établissement, pour la ville de Paris seulement, de *gardes du commerce* pour l'exécution des jugements emportant la contrainte par corps. La forme de leur organisation et leurs attributions étaient déterminées par un règlement particulier.

C'est en exécution de cette loi qu'est intervenu le décret du 14 mars 1808, qui a modifié celui du 16 fév 1807, en ce qui concerne la ville de Paris.

Il a fixé à dix le nombre des gardes du commerce. Leur nomination appartient au Gou-

Voici le texte de cet arrêté :

---

de l'huissier en référé, si le débiteur arrêté le requiert

A Paris, Bordeaux, Lyon, Rouen, etc. . . . 8 f. 00 c

Dans les villes où il y a une Cour d'appel, et dans celles où la population excède 30,000 âmes. 7 20

Dans les villes où il y a un tribunal de première instance. } 6 00
Dans les autres villes et cantons ruraux. . . . . . . }

vernement; leurs fonctions sont à vie. Ils sont chargés exclusivement de l'exécution des contraintes par corps, et ne peuvent en aucun cas être suppléés par les *huissiers*. Ils forment un bureau de service permanent dans le centre de la ville de Paris, où les gardes du commerce sont tenus de se trouver alternativement, selon le reglement de leur service.

Il y a dans ce bureau un *vérificateur*, nommé par le Ministre de la justice, dont les fonctions consistent à vérifier si, d'apres l'état des pièces qui lui sont remises par les parties, la contrainte par corps peut être mise à exécution. Il est responsable, tant vis-à-vis du créancier qu'envers le débiteur La contrainte par corps ne peut être mise à exécution par les gardes du commerce qu'après la remise des pièces aux mains de celui qui doit y procéder, accompagnée du certificat du vérificateur qu'il n'existe aucun empêchement. Tout débiteur, dans le cas d'être arrêté, peut notifier au bureau les oppositions ou appels, ou autres actes empêchant l'exécution de la contrainte par corps prononcée contre lui.

Le garde du commerce n'a pas besoin de l'autorisation ni de l'assistance du juge de paix pour arrêter le débiteur dans son *propre domicile*, si l'entrée ne lui en est pas refusée

Il n'en a besoin que quand le débiteur se trouve dans une *maison tierce*

Si le juge de paix du canton ne peut ou ne veut autoriser l'arrestation et se transporter avec le garde pour y procéder, le garde du commerce chargé de l'exécution *peut requérir le juge de paix d'un autre canton* (art. 15 du décret).

Les art 20 et 21 de ce décret contiennent le tarif des arrestations et recommandations dues aux gardes du commerce. Les deux premiers §§ de l'art. 20 et l'art 21 sont abroges par l'art. 8 de l'arrêté du 24-29 mars 1849, et remplacés.

ART. 20 (*abrogé*), § 1er. « Le salaire des gardes du commerce qui procéderont à une « arrestation ou à une recommandation est de 60 f.00

§ 2 « Dans le cas où l'arrestation n'aurait pu s'effectuer, il en sera dressé « procès-verbal, pour lequel il sera payé seulement. 20 00

§ 3. « Le droit de garde au domicile d'un failli sera de. 5 00

ART. 21 (*abrogé*). « Il sera alloué au garde du commerce · 1° pour le dépôt « des pièces par le créancier 3 00

« 2° Pour le visa apposé sur chaque pièce produite ou signifiée par le créan- « cier ou le débiteur 0 23

« 3° Pour le certificat mentionné en l'art. 11, droits de recherche compris. 2 00

« Outre les droits d'enregistrement. »

On s'est demandé, sous l'empire de ce décret, si les huissiers, dans la ville de Paris, pouvaient, concurremment avec les gardes du commerce, procéder à la recommandation d'un débiteur déja incarcéré.

La question avait bien son importance sous le rapport des frais, car le décret du 14 mars 1808 accorde aux gardes du commerce le même droit pour la recommandation que pour l'arrestation, 60 fr., tandis que le tarif de 1807, art. 57, n'accordait que 3 fr. à l'huissier.

Le droit de concurrence est soutenu par des auteurs recommandables, MM. Carré, t. 3, p. 56 et 89, n° 2, et Pigeau, t 2, p. 294

Ils fondent leur raisonnement sur les termes de l'art. 7 du décret, « les gardes du commerce sont chargés *exclusivement* de l'exécution des contraintes par corps »

Or, disent-ils, cet article n'ajoutant pas : *et des recommandations*, il faut en conclure que le droit de les faire, que les huissiers avaient avant le décret, ne leur a pas été ôté. Quant à l'art. 19, il détermine les formalités que devront suivre les gardes du commerce dans les recommandations, quand ils les feront.

On répondait que les *recommandations* sont des moyens *des contraintes par corps*, qu'ainsi l'art. 7 s'y applique tout aussi bien qu'aux arrestations.

On ajoute que, d'après le vœu de l'art 625 du Code de commerce, les gardes du commerce sont institués pour l'execution des jugements emportant la contrainte par corps, ce

ARRÊTÉ *des 23-29 mars 1849, qui modifie le tarif des frais, en matière de contrainte par corps.*

Le président de la République, le Conseil d'Etat entendu, ARRÊTE :

Art. 1er. — Il est alloué à *tous* huissiers (*c'est-à-dire sans distinction de résidence*) :

1° Pour l'original de la signification du jugement qui prononce la contrainte par corps [Pr. 780] :

ART. 55 (*abrogé*) (Proc. 789) Pour la copie du procès-verbal d'emprisonnement et de l'ecrou, le tout ensemble (Voy. art. 8 de l'arrêté du 24-29 mars 1849).

A Paris, Bordeaux, Lyon, Rouen, etc.	3 f. 00 c.
Dans les villes ou il y a une Cour d'appel, et dans celles où la population excède 30,000 âmes	2 70
Partout ailleurs	2 25

ART 56 (*abrogé*) (Proc 790). Il sera taxé au gardien ou geôlier qui transcrira sur son registre le jugement de contrainte par corps, par chaque rôle d'expédition :

A Paris, Bordeaux, Lyon, Rouen, etc	0 f. 25 c.
Dans les villes où il y a une Cour d'appel, et dans celles où la population excede 30,000 âmes.	0 23
Partout ailleurs	0 20

ART. 57 (*abrogé*) (Proc 792, 793). Pour un acte de recommandation d'un débiteur emprisonné, sans assistance de recors :

A Paris, Bordeaux, Lyon, Rouen, etc.	4 f. 00 c.
Dans les villes où il y a une Cour d'appel, et dans celles où la population excède 30,000 habitants	3 60
Partout ailleurs	3 00

ART. 58 (*abroge*) (Proc. 796). Pour la signification d'un jugement qui déclare un emprisonnement nul, et la mise en liberté du débiteur :

A Paris, Bordeaux, Lyon, Rouen	4 f. 00 c.
Dans les villes où il y a une Cour d'appel et dans celles où la population excède 30,000 âmes	3 60
Dans les villes ou il y a un tribunal de premiere instance et ailleurs	3 00

Pour la copie à laisser au gardien ou geôlier, le quart.

qui veut dire qu'ils ont attribution exclusive, aux termes de l'art. 7 du décret, pour tout ce qui concerne cette exécution

Il ne paraît pas que cette opinion doive être suivie depuis la promulgation de l'arrêté des 24-29 mars 1849, dont l'art. 2 porte : « *Il est alloué aux gardes du commerce* et aux *huissiers pour le procès-verbal d'emprisonnement.. A Paris*, 40 fr. » Les huissiers, d'après cet article, devraient donc avoir à Paris la concurrence avec les gardes du commerce, non pas seulement pour la recommandation d'un débiteur incarcere, mais même pour la capture Cependant l'art 7 du decret du 14 mars 1808, qui donne le droit exclusif aux gardes du commerce, n'est point compris au nombre des articles abrogés par l'arrête des 24-29 mars 1849.

Ne faut-il pas admettre, pour concilier ces différents textes, que les gardes du commerce ont une attribution exclusive pour l exécution des contraintes par corps, en matière commerciale, ainsi que pour les recommandations des débiteurs incarcérés dans les mêmes matieres, tandis que les huissiers ont, de leur côte, le droit exclusif de faire les emprisonnements et les recommandations lorsque la contrainte par corps est prononcée, soit en matiere civile, soit en matiere criminelle ou de police?

Je le crois d'autant plus volontiers que c'est le Code de commerce qui crée les gardes du commerce, et qu'il n'a voulu donner à ces officiers publics que des attributions commerciales Le décret du 14 mars 1808 ne contient rien d'où l'on puisse induire qu'on ait voulu leur donner des attributions civiles.

M. Chauveau trouve sans valeur l'argument tiré du décret de 1849 et repousse la distinction (*Comment du Tarif*, 2e édit, n° 4305). Quoi qu'il en soit de cette question, elle n'est pas de la juridiction des taxateurs, je passe donc.

Émoluments.

Avec commandement . . . . 2 f. 00 c.
Pour la copie, le quart. 0 50
Pour droit de copie de jugement. 2 00

Débours.

Enregistrement, décime compris. . . . . 2 f. 20 c
Timbre. . . . .

Sans qu'il puisse être passé d'autres droits en taxe, dans le cas où la signification et le commandement seraient faits par actes séparés.

Émoluments.

2° Pour l'original de la signification du jugement qui déclare un emprisonnement nul [Pr. 796]. . . . . 2 f. 00 c.
Pour la copie à laisser au geôlier ou au gardien, le quart. 0 50

Débours.

Enregistrement, décime compris. . . . . 2 f. 20 c
Timbre. . . . .

Art. 2. — Il est alloué aux gardes du commerce ou aux huissiers :

1° Pour le procès-verbal d'emprisonnement d'un débiteur, y compris l'assistance de deux recors et l'écrou [Pr. 783, 789] :

Émoluments.

A Paris (seulement, et non plus à Bordeaux, Lyon, Rouen, Marseille, Lille et Nantes) . . . . 40 f. 00 c.
Ailleurs 30 00

Débours.

Enregistrement, décime compris . . . . 2 f 20 c
Timbre. . . . .

Pour la copie du procès-verbal d'emprisonnement et de l'écrou, le tout ensemble. . . . . 2 f. 00 c.

Débours.

Timbre. . . . .

Il ne pourra être passé en taxe aucun procès-verbal de perquisition pour lequel les gardes du commerce, ou huissiers, n'auront point de recours, même contre leur partie, les sommes ci-dessus leur étant allouées en considération de toutes les démarches qu'ils pourraient faire, autres que celles expressément rémunérées par le présent tarif.

2° Pour vacation tendant à obtenir l'ordonnance du juge de paix, à l'effet, par ce dernier, de se transporter dans le lieu où se trouve le débiteur, condamné par corps, et à requérir son transport [Pr. 781]. . . . . 2 f. 00 c.

Débours.

Enregistrement de l'ordonnance, décime compris (1). . . . . 1 f. 10 c
Timbre. . . . .

3° Pour vacation en référé, si le débiteur arrêté le requiert [Pr. 786]. 5 00

Débours.

Enregistrement de l'ordonnance de référé, décime compris (2). . . . . . . 3 f. 30 c
Timbre. . . . .

4° Pour un acte de recommandation d'un débiteur emprisonné sans assistance de recors [Pr. 792, 793]. . . 3 00

Pour chaque copie à donner au débiteur et au geôlier, le quart. 0 75

Débours.

Enregistrement, décime compris. . . . . 2 f. 20 c.
Timbre de l'original et des copies. . . . .

Art. 3. — Il est alloué aux gardes du commerce (*décret du 14 mars* 1808, *article* 21) :

Pour le dépôt des pièces par le créancier. . . . . . . 3 f. 00 c.

Pour le *visa* apposé sur chaque pièce, produite ou signifiée par le créancier ou le débiteur. 0 25

Pour le certificat (3) mentionné en l'art. 11 du décret du 14 mars 1808, droit de recherche compris. 2 00

Débours.

Enregistrement du certificat, décime compris.. . . . . 1 f. 10 c.
Timbre. . . . .

Art. 4. Il est alloué aux huissiers pour rédaction du pouvoir spécial exigé par l'art. 556 du Code de procédure civile.. 1 f. 00 c.

Débours.

Enregistrement du pouvoir, décime compris (4). . . . . 2 f. 20 c.
Timbre. . . . .

Art. 5. — Il ne sera alloué aucun droit au gardien ou geôlier à raison de la transcription sur son registre du jugement prononçant la contrainte par corps.

Art. 6. — Outre les fixations établies par les quatre premiers articles, seront alloués les simples déboursés de timbre et d'enregistrement, justifiés par pièces régulières.

Art. 7. Il ne sera rien alloué aux huissiers et aux gardes du commerce pour leur transport jusqu'à un demi-myriamètre.

---

(1) Loi du 22 frim. an VII, art. 68, n° 46.
(2) Loi du 28 avril 1816, art. 44, n° 10.
(3) Art. 11 du décret du 14 mars 1808 : « Le vérificateur ne pourra remettre au « garde du commerce les titres et pièces « qu'après avoir vérifié qu'il n'est survenu « aucun empêchement à l'exécution de la « contrainte. — *Il en donnera un certificat qui sera annexé aux pièces* »
(4) Même loi, art. 43, n° 17.

Il leur sera alloué au delà d'un demi-myriamètre, pour frais de voyage, qui ne pourra excéder une journée de cinq myriamètres, savoir :

Au delà de un demi-myriamètre jusqu'à un myriamètre, pour aller et retour.. . . . . 4 f. 00 c.

Au delà d'un myriamètre, il sera alloué, par chaque demi-myriamètre sans distinction. 2 00

Art. 8.— Sont et demeurent abrogés les art. 51, 52, 53, 54, 55, 56, 57 et 58 du premier décret du 16 février 1807, les deux premiers paragraphes de l'art. 20, et l'art. 21 du décret du 14 mars 1808, concernant les gardes du commerce.

Observations.

1° Les juristes qui se sont occupés de la taxe, en matière d'emprisonnement, ont examiné beaucoup de questions qui présentent des difficultés fort graves. Je ne crois pas devoir les rappeler ici, car la plupart d'entre elles sont relatives à des nullités d'emprisonnement, qui rentrent dans le domaine de la procédure. Je les passe donc.

2° Mais il en est d'autres plus spéciales que je dois au moins indiquer.

1re QUESTION.

Est-il nécessaire que les significations du jugement, portant contrainte par corps, et du commandement tendant à l'exercice de cette contrainte, aient lieu dans le même acte ?

S'il ne s'agissait que de la nullité de l'exécution, on devrait sans doute décider qu'elle n'existe pas, n'étant formellement prononcée par aucune loi (Arrêt de Limoges du 18 janv. 1811 ; Dalloz, v° *Contrainte par corps*, anc. édit., 3e vol., p. 777).

Mais il s'agit d'un acte qui augmente les frais contre la volonté formelle de l'art. 51 du tarif de 1807, et de l'art. 1er de celui de 1849. Si donc la copie du jugement qui prononce la contrainte par corps a déjà été signifiée avant le commandement, et qu'elle soit répétée dans cet acte, il est évident qu'elle ne doit pas entrer en taxe contre le débiteur ; elle ne doit pas y entrer non plus contre le créancier qui l'a requise, parce qu'elle est une violation du devoir de l'huissier.

2e QUESTION.

Lorsqu'il s'est écoulé plus d'une année depuis la signification du commandement, l'art. 784 veut qu'il soit fait un nouveau commandement *par un huissier commis à cet effet ;* cela signifie-t-il que l'ancienne commission, donnée à l'huissier par le jugement, est tombée, et qu'il en faut une nouvelle ?

La Cour de Rennes a jugé que oui, par arrêt du 28 déc. 1814 (rapporté par le *Journal des Avoués*, t. 8, n° 148 *bis*).

Quoique cette décision soit judaïquement conforme aux termes de l'art. 784 du Code de procédure, elle paraît bien rigoureuse. C'est une aggravation de frais peu motivée. Cependant le devoir du taxateur serait peut-être de les admettre, à cause de la bonne foi de ceux qui auraient ainsi entendu cet article ; cela dépendrait des circonstances.

3e QUESTION.

Mais devrait-il en être de même d'une nouvelle signification du jugement ?

La Cour de Toulouse, par arrêt du 11 février 1808, a jugé que la signification du jugement, portant la contrainte par corps, ne se périmait pas, comme le commandement, par le laps d'une année. Dalloz (v° *Contrainte par corps,* 3e vol., p. 777), et Carré (*Lois de la procédure,* t. 3, p. 77), approuvent la doctrine de cet arrêt.

Mais Dalloz, dans une note dont il le fait suivre, paraît se ranger à l'opinion que le débiteur a intérêt à connaître le jugement en même temps que le commandement. M. Favard de Langlade (v° *Contrainte par corps*, § 4, n° 5) ne croit pas que la signification du jugement avec le nouveau commandement soit exigée à peine de nullité ; mais il pense qu'il est néanmoins prudent de la répéter, parce qu'il paraît dans le vœu de la loi que le débiteur soit dûment averti, à une époque rapprochée, des poursuites rigoureuses dont il va être l'objet.

Je n'approuve pas ces ménagements à l'aide desquels on écrase de frais un débiteur qui n'en peut mais ; cependant je ne me dissimule pas que, dans les divergences d'opinions, les praticiens agiront, en général, dans le sens qu'on leur présente comme le plus prudent ; peut-être ferais-je comme eux ; mais alors il y a un moyen de concilier la précaution avec les intérêts réels et légitimes du débiteur : c'est de laisser à la charge du créancier les frais du commandement périmé et de la première signification. N'est-il pas en faute de ne les avoir pas utilisés ?

4e QUESTION.

Le changement d'état d'une veuve contraignable par corps, qui s'est remariée, nécessite-t-il une nouvelle signification du jugement au mari ?

La Cour de Paris a jugé que non (Arrêt du 25 fév. 1808). Dalloz (*Alp.*., vol. 3, p. 785, anc. édit.) et Chauveau (*Comm.*,

2ᵉ vol., p. 265) estiment que, si cette signification était faite, elle devrait être admise en taxe.

Je ne saurais adopter ce sentiment.

Peut-être l'huissier ne devrait-il pas la perdre, comme frustratoire ; mais, dans mon opinion, il ne pourrait en obtenir les frais que contre son requérant.

5ᵉ QUESTION.

Si le juge de paix se faisait suivre de son greffier, dans les cas où il est requis par l'huissier de l'accompagner au domicile de celui qu'il veut contraindre, cela donnerait-il lieu à des émoluments taxables ?

Non, car la présence du greffier est inutile. Les ordonnances du juge de paix se portent sur le procès-verbal de l'huissier, qui remplit dans cette circonstance les fonctions de greffier, et elles ne donnent lieu qu'à de simples droits d'enregistrement ; la signature seule du juge de paix sur le procès-verbal de l'huissier serait suffisante.

6ᵉ QUESTION.

En cas de refus ou d'absence du juge de paix et de ses suppléants, l'huissier peut-il requérir le juge de paix d'un autre canton ?

Dans ce cas, les gardes du commerce sont autorisés, par l'art. 15 du décret du 14 mars 1808, à requérir le juge de paix d'un autre canton. Est-ce une raison d'appliquer cet article aux huissiers, instrumentant dans les cantons ruraux, pour donner une juridiction à un juge de paix hors de son territoire ?

Cela paraît très-contestable au premier abord.

Si cependant cela avait lieu sans difficulté, les frais de transport devraient être alloués à l'huissier et au juge de paix, ainsi qu'une double vacation à l'huissier, pour la démarche faite d'abord auprès du juge de paix du canton où l'arrestation devait s'opérer.

7ᵉ QUESTION.

L'huissier peut-il se servir de gendarmes pour l'arrestation ? Oui ; mais si leur emploi n'a pas été nécessité par la résistance obstinée et violente du débiteur, les frais en restent à la charge de l'huissier ou de son requérant.

Le décret du 7 avril 1813, art. 6, § 1ᵉʳ, alloue aux gendarmes qui assistent les huissiers :

A Paris (*seulement*).	5 f. 00 c.
Dans les villes de 40,000 âmes et au-dessus.	4 00
Dans les autres villes et communes.	3 00

8e QUESTION.

L'art. 53 du tarif s'oppose-t-il à ce que l'huissier ne puisse réclamer de droits de transport, en matière d'emprisonnement ?

Non : l'art. 66 est général. C'est aussi l'opinion de MM. Sudraud-Desisles et Vervoort, attestée par M. Chauveau (2e vol., p. 272). Il y a une opinion contraire, celle de M. Cabissol (p. 74) ; mais elle ne paraît pas devoir être suivie.

9e QUESTION.

Si le débiteur s'échappe ou s'il paie, quel sera le droit de l'huissier?

Si l'on s'en rapportait au tarif, il semble qu'il ne serait rien dû : en effet, si le débiteur obéit à l'itératif commandement qui doit précéder le procès-verbal d'arrestation, il ne doit d'autres frais que ceux de cet itératif commandement ; s'il s'échappe, l'huissier n'aura fait qu'une perquisition inutile, qui, aux termes de l'art. 53, § 2 du tarif, et de l'art. 2 de l'arrêté des 24-29 mars 1849, ne donne droit à aucun émolument. D'un autre côté, l'huissier aura peut-être à s'imputer de n'avoir pas pris toutes les précautions nécessaires pour le succès. Mais c'est une question qui ne serait pas de la compétence des juges taxateurs ; si elle s'élevait entre l'huissier et son requérant, c'est le tribunal qui devrait la juger.

Quand il s'agissait de la contrainte par corps, exercée par les gardes du commerce, l'art. 20 du décret du 14 mars 1808 accordait 20 fr. *dans le cas où l'arrestation n'aurait pu s'effectuer.*

Aujourd'hui cette taxe leur serait refusée, sans difficulté possible.

10e QUESTION.

L'huissier peut-il, par des conventions particulières avec le créancier, stipuler qu'il recevra des honoraires plus forts que ceux déterminés par le tarif ?

Peut-être ; mais il est certain que la position du débiteur ne se trouvera en rien aggravée par ces stipulations, et qu'il ne pourra être taxé contre lui d'autres frais que ceux alloués par le tarif. Quant à ce qui concerne le créancier, le juge taxateur ne pourra jamais être saisi de la question, car, s'il y a contestation entre l'huissier et le créancier, le litige devra être porté au tribunal.

Art. 59. — Pour l'original d'un procès-verbal d'offres, contenant le refus ou l'acceptation du créancier [C. pr. 813] :

Émoluments.

A Paris, Bordeaux, Lyon, Rouen, Toulouse, Marseille, Lille et Nantes. . . . . 3 f. 00 c.
Dans les villes où il y a une Cour d'appel, et dans celles où la population excède 30,000 habitants. 2 70
Partout ailleurs. 2 25
Pour la copie, le quart.

Débours.

Enregistrement, décime compris. . . . . 2 f. 20 c
Timbre. . . . .

Art. 60. — D'un procès-verbal de consignation de la somme ou de la chose offerte [C. N., 1259] :

Émoluments.

A Paris, Bordeaux, Lyon, Rouen, Toulouse, Marseille, Lille et Nantes. . . . . 5 f. 00 c.
Dans les villes où il y a une Cour d'appel, et dans celles où la population excède 30,000 âmes. 4 50
Partout ailleurs. 4 00

Débours.

Enregistrement, décime compris. . . . . 2 f. 20 c.
Timbre. . . . .

Pour chaque copie à laisser au créancier, s'il est présent, et au dépositaire, le quart.

Art. 61. — Les procès-verbaux de saisie-gagerie sur locataires et fermiers, et ceux de saisie des effets d'un débiteur forain, seront taxés comme ceux de saisie-exécution, ainsi que tout le reste de la poursuite [Pr. 819, 822, 825].

Art. 62. — Pour un procès-verbal tendant à la saisie-revendication, s'il y a refus de portes ou opposition à la saisie, contenant assignation en référé devant le juge, y compris les témoins [Pr. 829] :

Émoluments.

A Paris, Bordeaux, Lyon, Rouen, Toulouse, Marseille, Lille et Nantes. . . . . 5 f. 00 c.
Dans les villes où il y a une Cour d'appel, et dans celles où la population excède 30,000 habitants. . . 4 50
Partout ailleurs. 4 00
Pour la copie, le quart.

Débours.

Enregistrement, décime compris. . . . . 2 f. 20 c.
Timbre. . . . .

Le procès-verbal de saisie-revendication sera taxé comme celui de saisie-exécution.

Observations.

L'art. 63, qui est relatif aux surenchères sur aliénation volontaire, a été abrogé par l'art. 20 de l'ordonnance du 10 oct. 1841.

Art. 64. — Pour un procès-verbal de réitération de la cession par le débiteur failli à la maison commune, s'il n'y a pas de tribunal de commerce [Pr. 901] :

Émoluments.

A Paris, Bordeaux, Lyon, Rouen, Toulouse, Marseille, Lille et Nantes	4 f. 00 c.
Dans les villes où il y a une Cour d'appel, et dans celles où la population excède 30,000 habitants	3 60
Partout ailleurs	3 00

Débours.

Enregistrement, décime compris / Timbre	2 f. 20 c.

Art. 65. — Pour un procès-verbal d'extraction de la prison du débiteur failli, à l'effet de faire la réitération de sa cession de biens, indépendamment du procès-verbal de ladite réitération [Pr. 902] :

Émoluments.

A Paris, Bordeaux, Lyon, Rouen, Toulouse, Marseille, Lille et Nantes	6 f. 00 c.
Dans les villes où il y a une Cour d'appel, et dans celles où la population excède 30,000 habitants	5 40
Partout ailleurs	5 00

Débours.

Enregistrement, décime compris / Timbre	2 f. 20 c.

Observations.

Le § 2, relatif au procès-verbal d'apposition de placards, en matière de saisie immobilière, a été abrogé par l'art. 20 de l'ordonnance du 10 oct. 1841.

§ 3 (*modifié pour les chiffres par le décret du* 23 *mars* 1848. V. la note (1).) Par chaque original de protêt, intervention à protêt, et sommation d'intervenir, assistants et copie compris :

---

(1) TARIF DES PROTÊTS.

Depuis longtemps les émoluments des protêts étaient considérés comme insuffisants pour rétribuer les actes auxquels ils s'appliquent. Les conditions onéreuses imposées aux huissiers et aux notaires par les art. 173, 174, 175 et 176 du Cod. de comm.,

A Paris, Bordeaux, Lyon, Rouen, Toulouse, Marseille, Lille et Nantes. . . . . 2 f. 00 c.

---

telles que l'assistance de témoins, ou d'un notaire en second, la transcription littérale de la lettre de change ou du billet, de l'acceptation, des endossements et des recommandations, l'inscription en entier du protêt sur un registre spécial, pouvaient les constituer en perte

A Paris, on avait cru devoir interpréter d'une manière un peu large les §§ 3 et 4 de l'art. 65

Indépendamment des émoluments qu'ils accordent, on portait un droit de copie pour l'effet, sur l'original et la copie du protêt, un autre pour la transcription du protêt sur le registre prescrit par l'art. 176 du Code de comm., un autre encore pour la transcription de l'effet sur le même registre.

Il avait été rédigé un tableau de ces droits, qui se percevaient a titre d'usage; ce tableau avait été revêtu d'une sorte de caractère officiel ou public, par un avis de la chambre des huissiers du département de la Seine. Il était suivi dans beaucoup de localités, comme base proportionnelle de perception, quoiqu'il n'eût, a vrai dire, aucune autorité légale

Les choses étaient en cet état au moment de la révolution de février 1848 ; la crise commerciale qui se produisit immédiatement, et qui occasionna une grande multiplicité de protêts, éveilla la sollicitude du gouvernement provisoire ; il tâcha d'amoindrir le desastre en diminuant les frais de poursuites. S'il ne crut pas que le tarif dont je viens de parler eût une existence légale, il le trouva raisonnable en soi ; il le prit pour point de départ et il y appliqua les réductions qu'il crut possible de faire.

Voici le texte du décret que le gouvernement provisoire a rendu, le 23 mars 1848, à cette occasion :

« LE GOUVERNEMENT PROVISOIRE,

« Voulant venir en aide aux embarras « momentanés du commerce, en diminuant « les frais de protêt, les droits d'enregis- « trement et les émoluments attachés a « chacun de ces actes, DÉCRETE :

« ART 1er. Provisoirement, et jusqu'à ce « qu'il en soit autrement ordonné, le tarif « actuel est modifié comme il suit (A) :

ANCIEN TARIF.	Ém	Déb.	Total	NOUVEAU TARIF.	Ém.	Deb.	Total
PROTÊT SIMPLE.	fr. c.	fr c	fr. c	PROTÊT SIMPLE.	fr. c.	fr c.	fr c
Original et copie. .	2 00	»		Original et copie. . . .	1 60	»	(N° 1.) (B)
Droit de copie de l'effet sur l'original et la copie du protêt .	1 50	»	6 80	Droit de copie de l'effet sur l'original et la copie du protêt . .	0 75	»	4 40
Transcription de l'effet et du protêt sur le répertoire.	»	»		Transcription sur le répertoire.			
Timbre du protêt. .	»	0 70		Timbre du protêt. . .	»	0 70	
Timbre du registre des protêts	»	0 40		Timbre du registre . . .	»	0 25	
Enregistrement.	»	2 20		Enregistrement. . . .	»	1 10	

(A) *Modifié et complété* pour les chiffres, mais non abrogé pour le reste.

(B) La loi de finances du 2 juill. 1862, art. 17, a augmenté de 30 p. 100 le prix du papier timbré employé aux protêts

De sorte que la feuille de 0 fr. 70 c. se trouve aujourd'hui elevée a 1 fr.

Il faut donc élever proportionnellement, dans la dernière colonne du tableau, les chiffres des totaux :

C'est ce qu'a fait le décret du 8-10 déc 1862, dont l'art. 5 porte :

« Il est alloué aux huissiers, comme remboursement du papier timbré du registre tenu « en exécution de l'art. 176 du Code de comm.

« 1° Pour le protêt et simple intervention . . . . 0 f. 35 c.
« 2° Pour le protêt de perquisition 0 50

Dans les villes où il y a une Cour d'appel, et dans celles où la population excède 30,000 habitants. . . 1 80

ANCIEN TARIF	Ém.	Déb	Total.
	fr. c.	fr. c.	fr. c.
PROTÊT A DEUX DOMICILES OU AVEC UN BESOIN.			
Protêt simple	»	6 80	8 80
Pour le second domicile ou le besoin.	»	»	
Timbre.	»	0 35	
Emolument.	1 65	»	
PROTÊT A DEUX EFFETS.			
Le protêt simple . . .	»	6 80	
Copie du second effet sur l'original et la copie . .	0 50	»	7 70
Transcription de l'effet sur le registre.	0 25	»	
Papier timbré du registre..	0 15	»	
PROTÊT DE PERQUISITION.			
Original et copie du procès-verbal et du protêt.	5 00	»	
Droit de 2 copies à afficher au tribunal de commerce et au tribunal civil.	2 50	»	
Les copies du titre.. . .	1 00	»	
Visa du parquet . . .	1 00	»	
Timbre de l'original et des copies.	»	»	15 70
Au parquet et pour les affiches	»	2 40	
Enregistrement.	»	2 20	
Transcription du titre au registre.	0 25	»	
Transcription du procès-verbal de perquisition et du protêt.	1 25	»	
Papier du registre pour la transcription.. . . .	»	0 40	
PROTÊT AU PARQUET.			
Le protêt simple.. .	6 80	»	
Pour une 2e copie au parquet.	0 50	»	
Pour une 3e au tribunal	0 50	»	
Droit de copie de l'effet sur les 2e et 3e copies	0 50	»	10 35
Vacation au visa	1 00	»	
Timbre de la copie du parquet et de l'affiche.	»	1 05	

NOUVEAU TARIF.	Ém.	Deb.	Total
	fr. c.	fr. c.	fr. c.
PROTÊT A DEUX DOMICILES OU AVEC UN BESOIN.			(No 2) (B)
Protêt simple. . . .	»	4 40	
Pour le second protêt ou le besoin	1 00	»	5 75
Timbre.	»	0 35	
PROTÊT A DEUX EFFETS			(No 3.) (B)
Protêt simple.	»	4 40	
Emoluments pour le 2e effet.	0 50	»	5 05
Timbre	»	0 15	
PROTÊT DE PERQUISITION.			(No 4) (B)
Original et copie. .	5 00	»	
Droit de copies. .	1 25	»	
Les copies du titre . .	0 50	»	
Visa	1 00	»	
Timbre des copies .	»	1 75	
Enregistrement	»	1 10	
Transcription du titre au registre . . . . Transcription du procès-verbal de perquisition et du protêt . .	0 75	»	11 75
Papier du registre pour la transcription.. . .	»	0 40	
PROTÊT AU PARQUET			(No 5) (B)
Protet simple . .	4 40	»	
Deuxième copie au parquet	0 60	»	
Troisième au tribunal et droit de la copie du titre.	1 50	»	8 20 (A)
Visa	1 00	»	
Timbre.	»	0 70	

(A) C'est par erreur que le *Bulletin des lois* porte seulement 7 fr 10 c, ou bien le détail serait inexact, ce qui n'est pas probable.

(B) Voir la note (B) de la page 70.

Partout ailleurs.. . . . . 1 50

ANCIEN TARIF	Ém.	Deb	Total.	NOUVEAU TARIF	Ém.	Deb.	Total.
	fr c	fr. c.	fr c		fr. c.	fr. c	fr c
INTERVENTION.				INTERVENTION.			
Original	2 00	»		Original et copie.. . .	2 00	»	(N° 6.) (A)
Transcription au registre	0 50	»	5 00	Transcription au registre	0 25	»	
Papier du registre. . . .	»	0 30		Papier du registre . .	»	0 15	3 50
Enregistrement . .	»	2 20		Enregistrement. . . .	»	1 10	
DÉNONCIATION DE PROTÊT				DÉNONCIATION DE PROTÊT.			(N° 7.) (A)
Original	2 00	»		Original..	2 00	»	
Copie de l'exploit. . . .	0 50	»		Copie de l'exploit. . .	0 50	»	
Copie du billet.	0 50	»		Copie du billet . . }	0 75	»	
Copie du protêt. . . .	0 75	»	7 75	Copie du protêt . . . . }			
Copie d'intervention. .	0 25	»		Copie d'intervention	0 25	»	5 90
Copie de compte de retour.	0 50	»		Copie de compte de retour.	0 25	»	
Timbre.	»	1 05		Timbre.	»	1 05	
Enregistrement. . . .	»	2 20		Enregistrement. . . .	»	1 10	

« ART. 2 Les actes de protêt seront désormais dressés sans assistance de témoins »

OBSERVATIONS

Ce décret a donné force obligatoire et légale au tarif de la chambre des huissiers de Paris ; c'est maintenant un reglement d'administration publique régissant la taxe des protêts Cela ne fait aucun doute ; mais il s'eleve cependant des difficultés d'application qui sont assez sérieuses.

1° *Est-il encore en vigueur?* Oui

Il est vrai qu'il n'était que provisoire, ainsi que le dit son art 1er, mais cet article ajoute aussi ces mots : *et jusqu'à ce qu'il en soit autrement ordonné.*

Je ne connais aucune décision qui soit depuis intervenue sur cette matière, et je pense que ce decret a continué et continuera d'avoir force de loi *jusqu'à ce qu'il en ait été*, comme il le dit, *autrement ordonné*

2° *Mais doit-il recevoir son application ailleurs qu'a Paris?* Oui.

Il est vrai encore que le tableau qu'il a adopté, en le modifiant, ne concernait que les protêts faits à Paris. Si on l'appliquait quelquefois ailleurs, c'était en réduisant les droits qu'il accordait, suivant les bases fixées par le 2e décret du 16 fev. 1807, c'est-à-dire qu'on diminuait d'un dixieme les émoluments dans les villes où il y a une Cour d'appel et dans celles où la population excede 30,000 habitants, et d'un quart dans les autres localités ; mais rien dans le texte n'autorise à penser que ce decret ne doive être appliqué qu'à Paris, il est général dans ses termes et dans son esprit ; a l'époque où il a été rendu, il n'y avait aucun motif pour en faire une mesure exclusivement locale Le commerce de toute la République était atteint comme celui de Paris, et méritait la même protection et la même sollicitude. Je ne fais donc aucun doute que ce décret doit s'appliquer partout.

3° *Les chiffres qu'il fixe doivent-ils être alloués invariablement et sans distinction de la résidence des officiers publics chargés de faire les protêts?*

Je ne le crois pas Sans doute ce décret ne dit pas qu'il se refère au 2e décret du 16 fév 1807 (B), pour son application dans les divers ressorts des tribunaux de la France, mais cela a dû néanmoins entrer dans l'intention de ses auteurs. Ils n'ont point déclaré qu'ils abrogeaient les §§ 3 et 4 de l'art 65 du 1er décret du 16 fév 1807, ils en ont seulement abaissé les chiffres, en adoptant toutefois l'interprétation qui lui avait été déjà donnée par l'usage à Paris, usage dont le tableau adopté par le décret justifie l'existence.

(A) Voir la note (B) de la page 70.
(B) Voyez les art. 1, 2 et 3 du 2e décret du 16 févr 1807.

§ 4. Pour l'original d'un protêt, assistants et copie compris :

A Paris, Bordeaux, Lyon, Rouen, Toulouse, Marseille, Lille et Nantes. 5 f. 00

Ce qui, au reste, lève toute espèce de doute, c'est le motif exprimé dans le décret. *Voulant venir en aide aux embarras momentanés du commerce, en diminuant les frais de protêt, les droits d'enregistrement et les émoluments attachés à ces divers actes*, DÉCRÈTE, etc. · car, s'il fallait l'appliquer sans distinction de localité, il en résulterait qu'au lieu d'avoir diminué les *émoluments*, il les aurait augmentés. En effet, le tarif de 1807 accorde, pour l'original et la copie d'un protet simple, 1 fr. 50 c. partout ailleurs qu'à Paris, Bordeaux, Lyon, Rouen, et dans les villes où il y a une Cour d'appel, tandis que le décret de 1848 accorderait 1 fr. 60 c.

Il en est de même pour le protêt avec perquisition : là où le 1er décret n'accorde que 4 fr., le 2e en accorderait 5 ; là aussi où l'un n'accorde que 75 c. pour les *visas*, l'autre accorderait 1 fr. Il en est de même encore pour l'émolument des copies et autres droits, ainsi qu'on peut s'en convaincre en continuant de rapprocher et de comparer ces deux tarifs.

4° De tout ce qu'on vient de dire il faut conclure qu'il est nécessaire, pour la juste application du décret de 1848, de faire des calculs analogues à ceux qu'on a exécutés pour l'application du tarif de 1807

Ainsi, quand il s'agira de protêts faits à Paris, Bordeaux, Lyon, Rouen, Toulouse, Marseille, Lille et Nantes, on allouera les chiffres mêmes portes dans le tableau qui précède.

On les diminuera d'un dixième pour les protêts faits dans les villes où il y a une Cour d'appel, et dans celles où la population excède 30,000 âmes.

Enfin, on les diminuera d'un quart pour les protêts faits dans toutes les autres localités.

Je ne crois pas nécessaire de refaire ici le tableau pour y ajouter ces calculs, les opérations dont il s'agit sont trop faciles pour n'être pas comprises par tout le monde.

Il y a dans le sens de cette solution une circulaire du procureur général de la Cour de Dijon, à la date du 8 septembre 1855, qui constate que le garde des sceaux, consulté par lui sur l'interprétation à donner au décret du 23 mars, a pensé que ce décret, conçu dans le même esprit que celui de 1807, contenait seulement le tableau-type des droits perçus à Paris, mais que ces droits devaient subir pour la province la réduction établie comme règle générale par le décret de 1807.

Les honorables auteurs de l'*Encyclopédie des huissiers*, 2e édit., v° *Protêt*, n° 463, qui mentionnent cette circulaire, se prononcent néanmoins avec force pour l'opinion contraire. Ils avouent cependant qu'il *peut en resulter que, dans certaines localités, quelques-uns des droits fixés par le décret du 23 mars seront plus élevés qu'autrefois*, mais ils ne s'arrêtent pas à ce léger inconvénient, compensé d'ailleurs par la diminution des autres droits

Selon moi, cette concession qui leur était imposée par la conscience et la bonne foi, suffit à ruiner leur système. Qui pourrait comprendre, en effet, qu'une loi faite pour diminuer une perception, reconnue exagérée au moins à Paris, puisse avoir pour résultat de l'augmenter ailleurs sans qu'elle l'ait dit, surtout quand il y avait parité de motifs pour la diminuer partout?

Si elle n'a été faite que pour Paris, elle n'a rien changé aux droits perçus dans les autres localités.

Mais vous affirmez (*eod*, n° 462) qu'elle est applicable partout, soit. Je le reconnais et j'ajoute, ce que vous ne niez pas, qu'avant sa promulgation elle était pratiquée, comme usage toléré, dans plusieurs endroits, mais avec les réductions afférentes aux localités, ainsi que le prescrivent les §§ 3 et 4 de l'art. 65 du tarif et le 2e décret du 16 fevr. 1807.

Qui peut soutenir raisonnablement que l'usage converti en loi doit avoir un autre sens ?

D'ailleurs, je l'ai déjà fait remarquer, et cela est décisif, les §§ 3 et 4 de l'art. 65 ne sont pas abrogés au fond par le décret du 23 mars 1848 ; ils sont *modifiés* pour les chiffres seulement par un nouveau tableau substitué à l'ancien.

Je ne crois pas qu'on puisse sortir de là, quelque effort de logique qu'on y mette.

5° Il est indubitable que c'est ce tarif qui doit être appliqué aux protêts qui sont faits par les notaires ; la loi, en leur accordant la concurrence avec les huissiers, n'a pas dû vouloir tarifer le même acte d'une façon différente, selon qu'il serait fait par les uns ou par les autres.

6° *Mais les notaires sont-ils, comme les huissiers, dispensés d'employer les témoins dans les protêts qu'ils font?*

Je le crois aussi, car les termes de l'art

Dans les villes où il y a une Cour d'appel, et dans celles où la population excède 30,000 habitants. . .	4	50
Partout ailleurs..	4	00

2 du décret du 23 mars 1848 sont si formels qu'ils ne paraissent comporter aucune distinction. Et puisqu'on s'en est rapporté aux huissiers pour constater seuls l'existence de leurs protêts, il y a au moins autant de raisons pour accorder la même confiance aux notaires. Si l'on n'exige pas que ces derniers soient assistés de témoins, il faut en tirer la conséquence que la présence d'un notaire en second est pareillement inutile.

7° Je n'avais rien dit, dans les éditions précédentes, des droits de transport quand il a lieu, parce que je considérais qu'ils ne peuvent pas être mis en question en présence des dispositions de l'art. 66; mais il peut s'élever une difficulté quand les protêts sont faits par un notaire et qu'il s'agit de régler l'indemnité de transport.

Est-ce celle de l'art. 66 ou bien celle de l'art. 170 du tarif de 1807, qui doit leur être allouée?

Chacun comprend immédiatement combien la différence est grande et de quelle aggravation de frais pourrait être chargé le débiteur, quand il plairait au porteur des effets d'en confier le protêt à un notaire de préférence à un huissier, si l'on devait appliquer l'art. 170 au notaire là où l'on appliquerait l'art. 66 à l'huissier

Voici, à cet égard, ce qu'on lit dans l'*Encyclopédie des Huissiers*, v° *Protêt*, n° 466: « Nous avons eu plusieurs fois l'occasion de « faire remarquer que, quand les protêts « sont faits par des notaires seuls, c'est-à- « dire sans assistance de témoins ou d'un « second notaire, ces officiers ministériels « remplissent alors les fonctions d'huis- « siers, auxquels ils doivent, pour ces sortes « d actes, être assimilés. C'est par suite de « cette assimilation que nous avons pensé « que les émoluments fixés par le décret du « 23 mars devaient leur être alloués. Il « doit leur être dû aussi les mêmes droits « de transport qu'aux huissiers et dans les « mêmes cas. »

Je reconnais la justesse de ces observations et, sans hésiter, j'en adopte toutes les conséquences. Je crois aussi que si le notaire fait plusieurs protêts dans un même lieu, il sera obligé, comme le serait l'huissier, de partager également les frais de transport entre tous les originaux. C'est la conséquence du même principe. (Voy. l'*Encyclop. des Huissiers*, eod., n° 467)

8° *Lorsque, le lendemain de l'échéance de l effet à recouvrer, l'huissier ou le notaire se présentent pour faire le protêt, peuvent-ils en réclamer les frais si le débiteur se déclare prêt à se libérer et offre le paiement?*

Cette question m'avait toujours paru étrangère aux tarifs et à la taxe; c'est, en effet, une contestation qui doit être jugée par les tribunaux ordinaires. Je l'avais exclue de mon cadre, déjà trop élargi.

Cependant mes savants collègues en tarifs, MM. Chauveau et Godoffre, l'ont examinée, n° 2351

Ils pensent que, en thèse générale, le débiteur ne doit rien en sus du montant de l effet présenté au paiement.

Elle est aussi très-disertement traitée dans l'*Encyclopédie des huissiers*, v° *Protêt*, n°s 469 et suiv. Comme cet ouvrage est ou devrait être entre les mains de tous les huissiers, je les y renvoie pour les détails et l'examen des précédents judiciaires.

Je me borne ici à énoncer sommairement mon avis sans discuter les documents.

Je reconnais que les effets protestables sont payables par le débiteur le jour de l'échéance (Code de comm., art. 134), mais il est certain aussi qu'il a jusqu'à la dernière minute de ce jour pour se libérer. Le *dies interpellat pro homine* ne le constitue en demeure que quand elle est écoulée C'est seulement apres cet instant qu'il peut être protesté ou mis légalement en demeure; mais si, au moment même de cette demande, le débiteur s'exécute, il n'y a pas de protêt possible, car ces effets sont quérables, à moins de conventions contraires, et l'huissier ou le notaire n'ont droit à aucun émolument pour un acte qu'ils sont dans l'impossibilité de faire

Il est vrai que le protêt a pu être préparé d'avance, quoique ce ne soit pas une nécessité rigoureuse, mais simplement une chose plus commode pour eux, et qu'il y a la des déboursés, et quelquefois des indemnités de transport Faut-il qu'ils les perdent? — Non, sans doute, mais je ne crois pas que le débiteur en soit tenu; c'est au créancier à faire les frais nécessaires pour obtenir le paiement au lieu où il doit être fait. C'est la loi de son titre; il a su à quoi il s'exposait en le prenant, et s'il est tiers porteur, il a dû faire entrer ces chances dans la négociation et les compenser par des droits de commission ou de change.

Il ne faut pas, sous une fausse apparence d'équité, ou sous le prétexte de faciliter les négociations d'effets commerciaux, lui faire solder deux fois la meme chose.

§ 3. *Dispositions générales relatives aux huissiers* (1).

Art. 66. § 1er. Il ne sera rien alloué aux huissiers pour transport jusqu'à un demi-myriamètre [P. 62].

§ 2. Il leur sera alloué au delà d'un demi-myriamètre, pour frais de voyage qui ne pourra excéder une journée, cinq myriamètres

---

(1) ORDONNANCE (18 sept. 1833) *Contenant le tarif des frais et dépens pour tous les actes qui seront faits en vertu de la loi du 7 juill. 1833 sur l'expropriation pour cause d'utilité publique.*

§ 1er. — *Comment le transport des huissiers doit être réglé en matière d'expropriation pour cause d'utilité publique.*

« ART 21. Les huissiers qui instrumenteront dans les procédures, en matière « d'expropriation pour cause d'utilité publique, recevront, lorsqu'ils seront obligés « de se transporter à plus de 2 kilometres « de leur résidence, 1 fr. 50 c pour chaque myriamètre parcouru en allant et en « revenant, sans préjudice de l'application « du décret du 14 juin 1813.

« ART. 22. Les indemnités de transport « ci-dessus établies seront réglées par myriametre et demi-myriametre

« Les fractions de 8 ou 9 kilomètres seront comptées pour 1 myriamètre, et celles « de 3 à 8 kilomètres pour un demi-myriametre. »

OBSERVATIONS.

Ainsi, ce tarif accorde aux huissiers, pour transport, 3 francs par myriametre, retour compris

Il veut que cette indemnité soit réglée par myriamètre et demi-myriametre.

Il veut aussi que la fraction de 3 kilometres soit comptée pour un demi-myriametre, et celle de 8 kilomètres pour un myriamètre.

Donc, quand l'huissier se transporte à plus de 2 kilomètres de sa résidence, jusqu'à 8 kilomètres exclusivement, il a droit à . . . . 1 f. 50 c

Quand il se transporte depuis 8 kilomètres jusqu'à 13 kilomètres exclusivement, il a droit à. 3 00

Quand il se transporte depuis 13 kilomètres jusqu'à 18 kilometres inclusivement, il a droit à. 4 50

Depuis 18 kilomètres jusqu'à 2 myriam. 3 kilom. exclusivement, il a droit à. 6 00

Depuis 23 kilomètres jusqu'à 28 kilomètres, il a droit à . . 7 50

Et ainsi de suite.

1re QUESTION.

La course de l'huissier doit-elle être limitée à une journée de 5 myriametres, après lesquels il ne serait rien passé, comme cela a lieu dans les matières civiles ordinaires, suivant les prescriptions de l'art 66 du décret de 1807 ?

Je ne le crois pas. Les art. 21 et 22 de l'ordonnance de 1833 ne le disent pas ; ils sont la reproduction presque textuelle des art. 90, 91 et 92 du décret du 18 juin 1811 (tarif des matieres criminelles), qui ne le disent pas non plus.

La disposition de l'art 66 du décret de 1807 est une restriction et une dérogation au droit commun, qui ne doit pas s'étendre ni être suppléé dans les autres cas

Du reste, cette question n'est que d'une très-mince importance, parce que les cas où elle peut se présenter sont fort rares.

2e ET 3e QUESTIONS

Application des art. 35 et 36 du décret du 14 juin 1813.

Ces questions sont les mêmes que celles qui naissent de l'application de ces articles à l'art 66 du décret de 1807. Les solutions doivent etre aussi les mêmes : elles sont examinées plus loin

§ 2 —*Comment les distances doivent-elles être determinees et le séjour constate?*

« ART. 23. Les distances seront calculées d'apres le tableau dressé par les pre- « fets, conformement à l'art. 93 du décret « du 18 juin 1811.

« ART 24. Lorsque (*les huissiers*) se- « ront arrêtés dans le cours du voyage par « force majeure, ils recevront en indemnité, « pour chaque jour de séjour forcé, savoir: « ... et les huissiers 1 fr 50 c. — Ils se- « ront tenus de faire constater par le juge « de paix, et à son défaut par l'un des sup- « pléants ou par le maire, et à son défaut « par l'un des adjoints, la cause du séjour « forcé en route, et d'en représenter le cer- « tificat à l'appui de leur demande de « taxe. »

Ces textes sont trop clairs pour avoir besoin de commentaires et d'explications.

(10 lieues anciennes), savoir, au delà d'un demi-myriamètre, et jusqu'à un myriamètre, pour aller et retour :

Partout. . . . . 4 f. 00 c.

§ 3. Au delà d'un myriamètre il sera alloué :

Par chaque demi-myriamètre sans distinction. 2 00

§ 4. Il sera taxé pour *visa* de chacun des actes qui y sont assujettis :

A Paris, Bordeaux, Lyon, Rouen, Marseille, Lille et Nantes. . . . . 1 f. 00 c.
Dans les villes où il y a une Cour d'appel, et dans celles où la population excède 30,000 habitants.. . . 0 90
Partout ailleurs.. . . . . 0 75

§ 5. En cas de refus de la part du fonctionnaire public qui doit donner le *visa*, et dans le cas où l'huissier sera obligé, à raison de ce refus, de requérir le visa du procureur impérial, le droit sera double.

§ 6. Les huissiers qui seront commis pour donner des ajournements, faire des significations de jugement, et tous autres actes, ou procéder à des opérations, ne pourront prendre de plus forts droits que ceux énoncés au présent tarif, à peine de restitution et d'interdiction, quels que soient la Cour et le tribunal auxquels ils sont attachés.

§ 7. Les huissiers qui auront omis de mettre au bas de l'original et de chaque copie des actes de leur ministère la mention du coût d'icelui pourront, indépendamment de l'amende portée par l'art. 67 du Code de procédure, être suspendus de leurs fonctions, sur la réquisition d'office des procureurs généraux et impériaux.

Observations.

§ 1er. — Frais de voyage ou transport des huissiers en général.

1° C'est une règle générale que, dans tous les cas où il y a lieu au transport d'un huissier, des frais de voyage lui sont dus. s'il est allé à plus d'un demi-myriamètre du chef-lieu de sa résidence, peu importe qu'il s'agisse d'actes concernant la juridiction du juge de paix, celle des tribunaux civils ou de commerce, ou d'actes particuliers. Il n'y a d'autre exception que celle qui résulterait d'un texte spécial.

Les droits de transport sont accordés sans distinction de lieux et sont les mêmes partout, à Paris comme ailleurs : seulement ils sont tarifés à un taux moins élevé pour les actes faits devant la juridiction des juges de paix, des conseils de prud'hommes, dans les expropriations pour cause d'utilité publique et dans les matières criminelles.

1re QUESTION.

Pour qu'il y ait lieu d'accorder le droit de 4 francs, faut-il que l'huissier ordinaire ait parcouru le premier myriamètre en entier? ou suffit-il qu'il ait parcouru un demi-myriamètre et une fraction quelconque de l'autre moitié ?

L'art. 66 dit :

« 1° Il ne sera rien alloué aux huissiers pour le transport jus-« qu'à un demi-myriamètre.

« 2° Il leur sera alloué, au delà d'un demi-myriamètre et « jusqu'à un myriamètre, pour aller et retour . 4 f. 00 c.

« 3° Au delà d'un myriamètre. il sera alloué, par « chaque demi-myriamètre, sans distinction . . 2 00

Ainsi : 1° Jusqu'à un demi-myriamètre, il n'est rien dû.

2° Depuis un demi-myriamètre, *quelque minime que soit la fraction,* jusqu'à un myriamètre, il est dû . . 4 f. 00 c.

3° Depuis un myriamètre jusqu'à un myriamètre et demi complet, il est dû. 6 00

4° Depuis un myriamètre et demi jusqu'à deux myriamètres complets. 8 00

5° Depuis deux myriamètres jusqu'à deux myriamètres et demi complets. 10 00

6° Depuis deux myriamètres et demi jusqu'à trois myriamètres complets. 12 00

7° Depuis trois myriamètres jusqu'à trois myriamètres et demi complets. 14 00

8° Depuis trois myriamètres et demi jusqu'à quatre myriamètres complets. 16 00

9° Depuis quatre myriamètres jusqu'à quatre myriamètres et demi complets. 18 00

10° Depuis quatre myriamètres et demi jusqu'à cinq myriamètres complets. 20 00

Après cinq myriamètres, il n'est rien alloué en sus (1).

---

(1) MM Chauveau et Godoffre, n° 790, pensent que ce *maximum* de 20 francs n'est fixé ainsi qu'en faveur de la partie qui, en définitive, est condamnée aux dépens envers le requérant, et qu'il n'est pas applicable à celui-ci. Ils invoquent à l'appui de leur opinion celle de M. Bonnier, t. 1, p. 472, n° 589.

Malgré ma bonne volonté, je ne puis me rendre compte de cette distinction. La taxe des actes d'huissier me paraît fixée d'une manière absolue, et sans relation avec ceux qui doivent l'acquitter. C'est le client qui doit la payer d'abord et en faire l'avance si l'huissier l'exige Les resultats et les recours ultérieurs n'y peuvent apporter aucune modification. L'officier ministériel ne connaît et ne doit connaître que son client.

Rien n'est plus formel et plus absolu que l'art. 66 · « Il leur sera alloué, pour frais

Qu'on me pardonne ces détails et ces répétitions ; je ne les crois pas tout à fait inutiles.

En effet, la chose n'a pas toujours été vue d'une manière aussi simple qu'elle nous paraît ici.

Des commentateurs estimables ont essayé de démontrer que l'allocation de 4 francs n'était due à l'huissier qu'autant qu'il avait parcouru le premier myriamètre complet.

Ils ont été suivis dans cette opinion par quelques Cours et tribunaux.

Je crois inutile de rappeler en détail cette jurisprudence et les opinions des auteurs qui l'ont approuvée.

Mais je ne puis pas omettre de parler d'un jugement rendu en l'année 1856, par le tribunal de Bergerac, et de dire ce qui en est advenu.

Dans l'arrondissement de Bergerac, l'huissier Bessine avait signifié un exploit dont il avait remis la copie à une distance éloignée de six kilomètres de son domicile.

Il avait porté un transport de 4 francs, qui figura dans l'état de frais présenté à la taxe par son requérant.

Mais le taxateur le rejeta, et sur l'opposition, le tribunal maintint le rejet.

Son jugement est long, mais d'une rédaction très-soignée et irréprochable dans la forme ; il contient en très-bons termes tout ce qu'on peut dire pour établir que le droit de 4 francs n'est dû qu'autant que le premier myriamètre a été parcouru en entier.

Il y eut pourvoi en cassation, et le 27 avril 1858, la chambre civile rendit l'arrêt qu'on va lire (1).

« La Cour ; — Vu l'art. 66 du décret du 16 février 1807 :

« Attendu que cette disposition attribue aux huissiers une in-« demnité de voyage, dont la base et la quotité proportionnelle « varient suivant que la distance parcourue excède un demi-my-« riamètre ou qu'elle dépasse un myriamètre ; que si au delà d'un « myriamètre, le parcours d'un demi-myriamètre entier est, d'après « le texte de l'article précité, la condition de chaque allocation de « 2 francs, il n'en est pas de même pour l'indemnité de 4 francs, « allouée à raison d'une distance de moins d'un myriamètre, mais

---

« de voyage, *qui ne pourra excéder une* « *journée, cinq myriamètres* (10 lieues « anciennes) »

Il faut renoncer à faire des lois si l'on veut exiger plus de précision ?

Qu'importe qui paiera le voyage ? — Il ne pourra *excéder une journée*.

Je cherche en vain dans les tarifs une disposition, une analogie prochaine ou éloignée, rien ne laisse passage à cette trop subtile distinction. Je la trouve repoussée par l'art. 62 du Code de proc. : « Dans le cas de « transport d'un huissier, il ne lui sera payé « pour tous frais de déplacement qu'une « journée au plus, » et par le droit le plus certain ; elle est une erreur évidente, et je ne m'y arrête pas davantage.

(1) Sirey, 1858.1.342

« supérieure à un demi-myriamètre ; qu'alors pour avoir droit à « l'allocation de 4 francs, il suffit à l'huissier de s'être transporté « au delà d'un demi-myriamètre, quelle que soit la fraction excé- « dant cette mesure ; — d'où il suit qu'en décidant le contraire, le « jugement dénoncé a faussement interprété et par suite violé l'art. « 66 ; — Casse. »

Cet arrêt me paraît avoir fait la lumière sur l'application à faire de l'art. 66 ; je me suis conformé pour le détail à l'interprétation qu'il en donne ; passons outre.

2e QUESTION.

Après le premier myriamètre, peut-on compter à l'huissier, comme un demi-myriamètre entier, les fractions de 3 kilomètres et plus ?

De manière à compter 1 myriamètre 3 kilomètres pour 1 myriamètre et demi, et 1 myriamètre 8 kilomètres pour 2 myriamètres ?

Evidemment non, et ce qu'on vient de lire sur la question précédente le démontre surabondamment.

Cependant, encore, il y a controverse ; c'est par une voie indirecte qu'on espère élargir l'article 66 de manière à y intercaler le principe qui veut que les fractions de 3 kilomètres comptent pour un demi-myriamètre entier, et celle de 8 kilomètres aussi pour un myriamètre entier.

Une ordonnance du 18 septembre 1833, dont j'ai déjà parlé, contient le tarif des frais et dépens pour tous les actes qui ont lieu, en matière d'expropriation pour cause d'utilité publique.

L'article 22 porte que *les indemnités de transport seront réglées par myriamètre et demi-myriamètre ; que les fractions de 8 ou 9 kilomètres seront comptées pour 1 myriamètre*, et celles de 3 ou 8 kilomètres *pour un demi-myriamètre*.—Cet article est conforme au décret du 18 juin 1811, sur les frais en matière criminelle.

Je sais que beaucoup de taxateurs se croient suffisamment autorisés à modifier dans ce sens l'art. 66 et à lui substituer les dispositions de l'art. 22 de l'ordonnance du 18 septembre 1833. Je ne saurais les en approuver, malgré ce que dit M. Dalloz (*Jurisprudence générale*, v° *Frais et dépens*, n° 331) : « Nous ne « voyons pas pourquoi les principes consacrés dans les matières « criminelles, ne recevraient pas application dans les matières « civiles. »

L'honorable jurisconsulte aurait parfaitement raison, s'il s'agissait de faire le règlement ; mais il ne faut pas oublier que pour les officiers ministériels et les taxateurs, il ne s'agit que de l'appliquer, et nous avons déjà dit que rien n'est plus clair que l'article 66 du décret de 1807. M. Dalloz en convient lui-même, et quoique les tarifs de ce décret, en ce qui concerne les huissiers, soient peu en rapport avec les besoins de l'époque, il faut les appliquer jusqu'à ce qu'il plaise aux pouvoirs publics de les modifier.

Un arrêt de la Cour de cassation, du 10 août 1863, décide très-expressément la question dans le sens exprimé ci-dessus.

« Attendu, dit-il, que du texte des divers §§ de l'art. 66 du « tarif des dépens, en matière civile, et de l'esprit qui les a « dictés, il résulte que le transport de l'huissier, hors du lieu de « sa résidence, n'est considéré comme un voyage qu'alors qu'il « dépasse un demi-myriamètre ; que les allocations, pour frais « de ce voyage, ont été fixées, à forfait, en vue d'une compen- « sation à établir entre ces divers déplacements ; qu'après les « deux premiers demi-myriamètres, le voyage de l'huissier n'a « été considéré comme entraînant une augmentation de frais « qu'autant qu'il se prolonge au delà d'un ou plusieurs autres « demi-myriamètres ; et que l'allocation supplémentaire de « 2 fr., applicable à chacun de ces autres demi-myriamètres, « *n'est acquise que par chaque demi-myriamètre réellement* « *parcouru, sans qu'il y ait lieu d'avoir égard aux fractions de* « *demi-myriamètre commencé*..... Rejette. » (Dalloz, 1863, 1.475.)

Ainsi le doute n'est plus possible, et l'opinion contraire n'est plus soutenable.

Ce n'en est pas moins une justice que de reconnaître que les huissiers, qui forment la classe la plus nombreuse des officiers ministériels, sont ceux dont les émoluments sont le moins proportionnés aux peines et aux soins qui leur sont imposés, et qu'il serait à désirer que l'administration publique vînt bientôt à leur secours, en augmentant un peu le taux de leurs émoluments.

3e QUESTION. — *De la distribution des frais de transport entre les originaux des actes faits dans la même course et dans le même lieu.*

S'il n'y avait que l'article 66 du tarif, on pourrait penser que dans le cas où l'huissier aurait plusieurs actes à faire dans le même lieu, chacun de ces actes lui donnerait droit à l'émolument entier du transport. Cela paraîtrait une circonstance favorable à l'huissier, qui n'aggraverait en rien la position de celui qui, en définitive, devrait supporter les frais de l'acte donnant lieu au droit de transport, puisque ce n'est que par des circonstances fortuites qu'il paie moins.

Mais on a craint que des bénéfices trop élevés, et quelquefois accaparés au détriment de confrères, moins intrigants ou moins heureux, n'excitassent trop la cupidité, et l'on a modifié les dispositions de l'article 66 du tarif par les articles 35 et 36 du décret du 14 juin 1813, sur l'organisation et le service des huissiers. Ils sont ainsi conçus :

« Art. 35. — Dans tous les cas où les règlements accordent « aux huissiers une indemnité pour frais de voyage, il ne sera « alloué qu'un seul droit de transport pour la totalité des actes « que l'huissier aura faits *dans une même course et dans le* « *même lieu.*

« *Ce droit sera partagé en autant de portions égales entre* « *elles qu'il y aura d'originaux d'actes ;* et à chacun de ces « actes, l'huissier appliquera l'une desdites portions, le tout à « peine de rejet de la taxe, ou de restitution envers la partie, « et d'une amende, qui ne pourra excéder 100 francs, ni être « moindre de 20 francs. »

« Art. 36. — Tout huissier qui chargera un huissier d'une « autre résidence d'instrumenter pour lui, à l'effet de se pro- « curer un droit de transport, qui ne lui aurait pas été alloué, « s'il eût instrumenté lui-même, sera puni d'une amende de « 100 francs ; l'huissier qui aura prêté sa signature sera puni « de la même peine.

« En cas de récidive, la peine sera double, et l'huissier sera « de plus destitué.

« Dans tous les cas, le droit de transport indûment alloué, « ou perçu, sera rejeté de la taxe ou restitué à la partie. »

Je disais dans la première édition que le vœu de ces articles était bien positif et bien nettement exprimé ; que cependant il n'était pas aisé de donner une formule générale qui pût s'appliquer facilement à tous les cas où il y avait lieu par l'huissier de faire à chacun des actes la part qu'il doit supporter ; que cette part ne devait pas toujours être égale ; qu'elle devait être proportionnelle quelquefois ;

Que trois cas pouvaient se présenter :

1° Les actes ont été donnés dans le même lieu ;

2° Ils ont été donnés dans des lieux différents, mais sur une même ligne parcourue ;

3° Ils l'ont été sur des lignes brisées.

Passant à l'examen du premier cas, celui où les actes d'huissier ont été donnés dans la *même course* et *dans le même lieu* (c'est-à-dire dans la même commune), je ne voyais et je ne vois encore aujourd'hui aucune difficulté à le résoudre.

Il rentre, en effet, en plein texte de l'article 35 du décret : « Il « ne sera alloué qu'un seul droit de transport pour la totalité « des actes que l'huissier aura faits *dans une même course et* « *dans le même lieu*. — Ce droit sera partagé en autant *de por-* « *tions, égales entre elles*, qu'il y aura d'originaux d'actes. »

A s'en tenir strictement à ces termes, il semblerait bien que les deux autres hypothèses, l'une de la remise des actes dans une même course, mais dans des communes différentes, l'autre de la remise sur une ligne brisée, aussi dans des communes différentes, ne rentrent pas dans le cadre de la disposition, avec d'autant plus de raison qu'il est impossible, dans ces deux cas, de partager le coût du transport entre les originaux *par portions égales*.

Cependant cette interprétation restreinte paraissait contraire à l'esprit général de la loi, et n'atteignait qu'en partie le but que le législateur s'était proposé.

M. Favard-Langlade, qui avait, comme conseiller d'État et comme membre d'une commission spéciale, concouru à la rédaction de notre article 35, avait aussi publié une instruction sur l'application du décret du 14 juin 1813.

Il y interprète l'art. 35 *latissimo sensu*, et il l'applique à tous les cas où l'huissier a remis dans une même course plusieurs actes, fût-ce dans des communes différentes.

Il reconnaît que, dans la plupart de ces cas, le partage égal entre les originaux du coût du transport est impossible. Il fait des hypothèses et donne des règles pour le distribuer inégalement.

La chancellerie, dans les instructions à donner aux parquets pour l'exécution de l'article 35, ne pouvait suivre un meilleur guide.

Mes honorables et savants devanciers l'ont successivement très-exactement copié. Je les ai imités, comme tout autre écrivain en use avec ceux qui l'ont précédé. Mais, soit que ce fût chez moi défaut de pénétration, soit que ce fût chez eux, ce qui est moins probable, un défaut de clarté, je ne trouvais pas que leur système fût d'une application facile dans la pratique.

Je mis donc mon imagination en campagne pour combiner les différentes hypothèses avec des formules empruntées à l'arithmétique, et j'arrivai à des solutions que je crus très-satisfaisantes, et surtout très-faciles.

J'avais pour ma petite découverte les illusions de la paternité. Mais hélas ! elle n'a pas eu même le destin des plus belles choses... elle est morte en venant au monde !

J'apercevais bien contre elle et contre le système semi-séculaire, dont elle favorisait l'application, un petit point noir dans un arrêt qui venait d'être rendu par la Cour de Dijon, le 28 août 1856 ; mais sa doctrine paraissait une révolte contre le passé : elle était déférée à la censure de la Cour de cassation, et l'on ne pouvait guère s'attendre à ce que cette doctrine, cachée aux regards pénétrants des parquets et du monde judiciaire depuis cinquante ans, devînt une révélation de la saine intelligence de l'art. 35.

C'est pourtant ce qui est arrivé et ce qu'il aurait fallu prévoir, *si mens non læva fuisset !* Voici le fait :

Un huissier de l'arrondissement de Langres, le sieur Perrot, percevait, le 29 janvier 1836, les droits entiers de transport, sur chacun de deux exploits, signifiés par lui, le même jour, dans la même course et sur la même route, mais dont les copies étaient remises dans deux communes différentes.

Le 3 mars de la même année, un fait identique se renouvela à la charge du même huissier.

Il avait été dénoncé, ou bien son répertoire avait dévoilé la chose au parquet.

Le procureur impérial s'empressa de le faire citer devant le tribunal de Langres pour lui faire appliquer l'amende de 20 à 100 francs édictée par l'art. 35.

Mais le tribunal l'acquitta, par le motif que, si les exploits avaient été donnés le même jour, dans la même course et sur la même route, ils n'avaient pas été remis *dans le même lieu ;* qu'ainsi il manquait une des conditions exigées par la loi pour constituer l'huissier en contravention.

Le ministère public fit appel : mais la Cour de Dijon, par arrêt du 28 août 1856, confirma le jugement du tribunal de Langres.

Cet arrêt parut à M. le procureur général trop en opposition avec les instructions, et avec ce qui s'était pratiqué jusqu'alors, pour qu'il dût le laisser passer.

Il se pourvut en cassation, pour violation de l'art. 35 du décret du 14 juin 1813.

Mais la Cour, après une discussion approfondie à l'audience, et une longue délibération à la chambre du conseil, a rendu l'arrêt suivant :

La Cour ; — Sur le moyen unique tiré de la violation de l'art. 35 du décret du 14 juin 1813 ;

« Attendu que la disposition de cet article est tout à la fois exceptionnelle et pénale ; que, sous ce double rapport, l'application n'en saurait être étendue, sous prétexte d'analogie, à des cas qui n'auraient pas été l'objet de sa prévision ;

« Attendu que la réduction à un seul droit de transport, même lorsqu'il y a eu plusieurs actes signifiés par l'huissier, ne doit avoir lieu qu'autant que ces actes ont été signifiés *dans un même lieu;*

« Que le sens des mots, *dans un même lieu*, est clair et ne présente aucune équivoque; que s'ils peuvent s'entendre non-seulement de la résidence de la partie à qui la signification est faite, mais même, et par extension, de la commune tout entière où est située cette résidence, on ne saurait, sans faire violence au sens usuel de ces expressions, aller plus loin encore, et comprendre, sous les mots *un même lieu*, plusieurs communes, par le motif qu'elles seraient situées dans la même direction ou dans la même région ;

« Que si telle avait été la pensée de la loi, il lui aurait suffi d'exiger l'*identité de course*, tandis qu'à cette première condition elle en a joint une seconde, et en termes non moins impératifs, l'*identité de lieu;*

« Que tout doute serait d'ailleurs, au besoin, levé par la disposition finale de l'art. 35 précité, portant que le droit unique alloué a l'huissier, dans les cas prévus, sera partagé en *autant de portions égales entre elles* qu'il y aura d'originaux d'actes, et qu'à chacun de ces actes l'huissier appliquera l'une desdites portions; que cette égalité, facile à établir entre les actes signifiés dans une même commune, serait impossible, au contraire, entre des actes signifiés dans des communes différentes, et à des distances, nécessairement inégales, de la résidence de l'huissier;

« D'où il suit que la Cour impériale de Dijon, en jugeant que l'huissier Perrot avait pu, sans contrevenir à l'art. 35 du décret du 14 juin 1813, réclamer deux droits de transport pour des actes par lui signifiés dans une même course, mais dans deux communes différentes, quoique dans la même direction, et en renvoyant cet officier ministériel des fins de la poursuite dirigée contre lui, loin de violer les dispositions de cet art. 35, en a fait, au contraire, une juste application. — REJETTE. »

Cet arrêt est sans contredit, comme je l'ai déjà fait remarquer, une révolution. A-t-il dit le dernier mot sur l'interprétation de l'art. 35 ?

Tout porte à le croire tant qu'il s'agira de son application pénale. L'arrêt, en effet, s'appuie sur les principes les plus incontestables de la matière, qui sont que la pénalité ne doit pas être étendue ni appliquée par analogie à des cas non prévus.

Mais en doit-il être de même en matière de taxe ? Le tribunal de Langres et la Cour de Dijon ne s'étaient pas dissimulé la différence entre l'huissier, qui veut gagner un salaire et qui doit justifier du droit qu'il a de l'obtenir, et l'huissier qu'on poursuit pour lui faire appliquer une peine et qui n'a qu'à se défendre sans être obligé à prouver son innocence; les rôles sont en effet renversés ; dans le doute on éconduit l'un, et dans le doute on acquitte l'autre.

Tout le monde cependant aperçoit, à première vue, la bizarrerie qu'il y aurait à donner à un même texte une interprétation contraire dans l'esprit et dans les mots, selon qu'il s'agirait de l'appliquer correctionnellement ou civilement.

Sous un autre point de vue, l'art. 35 n'est pas plus un texte de droit commun en matière de taxe qu'en matière pénale ; il a été imaginé pour faire prévaloir un intérêt très-certain d'ordre public contre un intérêt particulier qui semble aussi de toute équité et que la délicatesse et la morale la plus sévère ne réprouvent pas.

Il faut donc, quand l'intérêt général l'invoque, le restreindre aux termes dans lesquels il s'est lui-même circonscrit.

Qu'on ne dise pas que ceux qui ont concouru à la rédaction de la loi avaient une visée plus étendue que ne le comportent les termes qu'ils ont employés et que cela résulte de la pensée qu'ils ont exprimée ailleurs.

Il est trop évident que, quand ils ont parlé comme législateurs, ils doivent être obéis dans les limites du commandement qu'ils ont donné, mais qu'ils n'ont plus la même autorité quand ils n'ont parlé que comme écrivains ; leurs commentaires sont impuissants au delà du texte.

Si donc l'arrêt de la Cour de cassation, qu'on vient de lire, a donné à l'article 35 sa véritable interprétation (et je crois fermement qu'il en est ainsi), il faut la suivre, en matière de taxe, comme en toute autre.

Cet article a été pour les huissiers, humbles officiers ministériels si maltraités, une cause incessante de bien des tribulations judiciaires.

Je désire sincèrement que l'arrêt de la Cour de cassation y pose une limite, et que les magistrats chargés de la répression veuillent bien y acquiescer et le prendre pour règle à l'avenir.

4e QUESTION. — *Quelles sont les règles à suivre pour déterminer les distances taxables ?*

C'est là une question de fait, qui se résout par la connaissance des distances réelles.

Cependant il existe des dispositions dans les articles 92 et 93 du décret de 1811, concernant la taxe des frais, en matière criminelle, qui portent : *Article* 92. « L'indemnité sera réglée par « myriamètre et demi-myriamètre. » *Article* 93. « Pour faciliter « le règlement de cette indemnité, les préfets feront dresser un

« tableau des distances, en myriamètres et kilomètres, de cha-
« que commune ou chef-lieu de canton, au chef-lieu d'arrondis-
« sement et au chef-lieu de département.

« Ce tableau sera déposé aux greffes des Cours d'appel, des
« tribunaux de première instance et des justices de paix. »

Les distances fixées par ce tableau sont obligatoires pour la taxe, en matière criminelle ; elles ne le sont pas pour la taxe, en matière civile ; mais il n'en est pas moins vrai, en fait, que le tableau dont il s'agit est le meilleur guide que puissent prendre les officiers ministériels et les taxateurs ; aussi, dans la pratique, il est généralement pris pour la règle à suivre.

Ce n'est plus une question, que les distances doivent être comptées, de clocher à clocher, ou de chef-lieu de commune à chef-lieu de commune, et qu'elles sont applicables à tous les lieux compris dans la circonscription de la commune, qu'ils soient plus rapprochés ou plus éloignés du point de départ (Cass., 14 fév. 1838, Dalloz. 1838, 1.96).

5e QUESTION.

La partie qui a choisi, pour agir à sa requête, un huissier plus éloigné du domicile de sa partie adverse, quand il y en avait de plus près, est-elle obligée de supporter, sans recours, la différence des droits de transport ?

Cette question s'est quelquefois présentée ; mais les tribunaux, chargés de la résoudre, l'ont presque toujours jugée en ce sens, que les parties ont le choix de leurs huissiers, dans tout l'arrondissement, pour toutes les significations qu'elles ont à faire faire, et qu'elles ont les recours de droit, sans réduction des frais de transport, à moins qu'il n'apparût qu'elles ont agi méchamment (*Cour de cassation,* 27 *fév.* 1830 *et* 28 *juin* 1854, Dalloz, *Jurisprudence générale, v° Frais et dépens, n°* 338).

C'est ce que la Cour de Bordeaux a expressément jugé le 3 mars 1858 (*Journ. des arrêts de Bordeaux*, p. 100).

« Attendu, porte l'arrêt, que les articles 2 et 24 du décret du 14 juin 1813, donnent à tous les huissiers d'un même arrondissement le même caractère, les mêmes attributions, et le droit d'exploiter concurremment dans l'étendue de l'arrondissement du tribunal auquel ils sont attachés ; que les parties sont donc libres d'accorder leur confiance à celui des huissiers qu'elles préfèrent dans l'arrondissement où elles veulent le faire exploiter ; qu'elles ne doivent supporter l'aggravation des frais, qui peut résulter de leur choix, qu'autant qu'elles auraient agi méchamment, et avec intention de porter préjudice. »

§ 2. — *De l'obligation faite aux huissiers de mettre au bas de l'original et de chaque copie la mention du coût de l'acte.*

1° L'art. 48 du décret du 14 juin 1813 a ajouté aux obligations imposées aux huissiers par le § 7 de l'art. 66 du tarif, celle d'indiquer, en marge de l'original, le nombre de rôles des copies de pièces, et d'y marquer le même détail de tous les articles de frais formant le coût de l'acte ; en voici le texte : « Pour faci- « liter la taxe des frais, les huissiers outre la mention qu'ils doi- « vent faire au bas de l'original et de la copie de chaque acte du « montant de leurs droits, *seront tenus d'indiquer, en marge de* « L'ORIGINAL, *le nombre de rôles des copies de pièces*, et *d'y* « *marquer de même les détails de tous les articles de frais for-* « *mant le coût de l'acte.* »

Le motif de cette disposition est facile à saisir ; l'original ne faisant qu'une mention sommaire des pièces dont il a été donné copie, il était, pour la taxe de cet original, intéressant de savoir combien l'huissier avait signifié de rôles de copies de pièces, et la quantité de feuilles timbrées qu'il y avait employées. C'est quand ces copies étaient encore en sa possession qu'il lui a été plus facile de faire ce compte ; il doit le consigner sur son original, où il sera très-difficile de l'oublier, et même de le changer après coup.

Il est aussi applicable aux actes de tous les huissiers soit des juges de paix, soit des conseils de prud'hommes et en toutes matières, parce que, comme le disent MM. Chauveau et Godoffre, n° 572, « il y a même raison de décider. »

2° Est-il encore applicable aux écritures signifiées d'avoués à avoués par des huissiers audienciers ?

La question est loin d'être sans intérêt dans la pratique. Il n'arrive, sans doute, que très-rarement que des avoués portent dans leurs états de frais plus de papier timbré qu'ils n'en ont employé dans les copies qu'ils ont données à leurs confrères ; cependant les taxateurs n'ont à cet égard que leur déclaration ; c'est beaucoup certainement, mais ne serait-il pas convenable que cette déclaration pût être appuyée du certificat d'un officier ministériel, dont les actes font foi de leur contenu, d'un officier ministériel, qui peut s'assurer de l'exactitude du détail, avant de remettre les copies qu'il est chargé de signifier ? Sans aucun doute, cela serait bien.

L'avoué lui-même trouverait toujours dans son dossier, où il conserve l'original, le moyen de réparer une erreur ou un oubli.

On se demande maintenant pourquoi la loi ne s'appliquerait

pas à ce cas, et s'il y a un texte qui fasse une exception pour les áctes du Palais ? Pour mon compte, je n'en connais aucun.

Invoquerait-on un usage contraire ? Je ne sais pas s'il en existe; mais si cela est, je suis porté à croire que c'est un abus qu'il faut s empresser de réformer (V. *sous l'art.* 156, l'observation dans laquelle je cite la décision du Ministre des finances qui déclare que l'art. 67, § 7, est applicable aux actes du Palais comme aux autres) (1).

3° Quelle est la sanction contre l'huissier qui n'obéirait pas aux injonctions de l'art. 48 ?

Cet article ne le dit pas, et il ne répète pas la pénalité prononcée par l'art. 67, C. proc. civ.— Mais en admettant que l'omission n'entraîne pas l'amende de cinq francs payable à l'instant de l'enregistrement, il est certain qu'elle peut entraîner des peines disciplinaires, et de plus l'application de l'art. 1030, C. proc. civ.

§ 3. — *Si les huissiers peuvent exiger d'autres droits que ceux alloués par le tarif.*

Il n'y a pas de question, le § 6 de l'art. 66 est formel :

1° Cependant certains huissiers élevaient la prétention d'avoir droit à quelque chose pour la tenue de leur répertoire.— Il n'est absolument rien dû.

2° Peuvent-ils ajouter les frais de port de pièces et de correspondance à leurs émolument taxables ?

Sans aucun doute, ce sont des déboursés ; mais ces déboursés doivent rester à la charge de leur partie requérante, et ne peuvent jamais entrer dans la taxe des frais qu'elle aurait obtenus contre ses adversaires. Il y a dans quelques tribunaux des usages contraires, qui ne sont que des abus.

3° Dans les lieux où le tarif de la Cour de Paris est applicable, comme à Bordeaux, Lyon, Rouen, Toulouse, Marseille, Lille et Nantes, tous les huissiers de l'arrondissement, qui ne résident pas au chef-lieu, ont-ils droit à l'augmentation ?

Les huissiers de l'arrondissement de Bordeaux avaient élevé cette prétention, dans un mémoire très-détaillé et fort bien rédigé, qu'ils avaient adressé au président du tribunal.

Cet honorable magistrat me fit l'honneur de me demander mon sentiment en me disant que, pour lui, il ne pensait pas que

(1) C'est en 1857 que ce qu'on vient de lire sous le n° 2 a été écrit Depuis, la question a changé de face ; il est intervenu, le 21 déc. 1858, sous la première présidence de M. Troplong, un arrêt de la Cour de cassation contre l'administration de l'enregistrement. Il faut en tenir compte dans l'examen de la question. On le trouvera rapporté au long sous l'art. 156 du tarif, question 3.

les huissiers, dont la résidence n'est pas à Bordeaux même, fussent fondés dans leur réclamation.

Je ne pensais pas non plus qu'il pût être fait droit à leur demande, et elle est restée sans résultat.

C'est, en effet, à cause de l'élévation du prix de toutes choses nécessaires à la vie dans les grands centres de population que l'augmentation des droits a été accordée ; elle ne serait pas motivée pour les huissiers dont la résidence a été fixée dans les cantons ruraux. Cela, je le dis à regret, ne me paraît pas pouvoir être l'objet d'un doute.

MM. Chauveau et Godoffre (*Comment. du tarif*, n° 249) qui posent la même question, dans une autre hypothèse, disent que la réponse n'est pas difficile et qu'il est évident que l'augmentation ne s'applique qu'aux huissiers dont la résidence est dans la ville même pour laquelle elle est autorisée.

SECTION II.

Des Huissiers audienciers.

Observations.

Les décrets du 30 mars 1808, et du 14 juin 1813 réglementent ce qui est relatif aux huissiers audienciers et à leurs fonctions près des Cours d'appel et des tribunaux d'arrondissement et de commerce (Voy. *Appendice*, § 2).

L'art. 624, C. comm., et l'art. 6 du décret du 6 oct. 1809, s'occupent plus spécialement de ceux attachés aux tribunaux de commerce.

La loi du 5 mai 1838 contient des dispositions relatives à ceux des juges de paix.

Et enfin le décret du 11 juin 1809, art. 30 et 32 donne aux conseils de prud'hommes le droit de nommer un ou deux huissiers, pris parmi les huissiers ordinaires de leur résidence, pour le service de leurs audiences.

Les huissiers audienciers des Cours d'appel; et ceux des tribunaux d'arrondissement sont nommés et choisis par ces autorités respectives sans contrôle; elles peuvent les révoquer et les remplacer à leur volonté. La nomination entraîne pour l'huissier l'obligation de résider au chef-lieu où siége le tribunal qui l'a choisi.

Le nombre des huissiers audienciers, sauf pour les tribunaux de commerce et la Cour de cassation, n'est pas fixé par la loi; il n'a de limites que les besoins du service.

Ils exercent leurs fonctions concurremment avec les huissiers ordinaires de l'arrondissement.

Ils n'ont pas de traitement particulier; mais ils ont le privilége exclusif de faire l'appel des causes sur le rôle d'audience et la signification des actes d'avoué à avoué, les publications du cahier des charges dans les ventes judiciaires et les autres publications lors des adjudications. (1).

Les émoluments en sont mis en commun et partagés également entre eux.

---

(1) Il est perçu encore à leur profit par le greffier un droit de 0 fr. 25 c pour chaque placement de cause au rôle (Loi du 21 ventôse an VII [11 *mars* 1799], art. 3, § 6).

Cette perception est la même devant les Cours d'appel, les tribunaux d'arrondissement et les tribunaux de commerce

Le tarif de ces émoluments est réglé, pour les Cours d'appel et les tribunaux d'arrondissement, par le chapitre 5 du titre II du décret du 16 fév. 1807 dont suivent les dispositions.

LIVRE II. — CHAP. V. — Des Huissiers audienciers.

§ 1er. — *Des tribunaux de première instance.*

Art. 152. — Pour chaque appel de cause sur le rôle et lors des jugements par défaut, interlocutoires et définitifs, sans qu'il soit alloué aucun droit pour les jugements préparatoires et de simples remises (1) :

Émoluments.

A Paris, Bordeaux, Lyon, Rouen, Toulouse, Marseille, Lille et Nantes	0 f. 30 c.
Dans les villes où il y a une Cour d'appel, et dans celles où la population excède 30,000 habitants	0 27
Dans le ressort et partout ailleurs	0 25

Art. 153, 154 et **155.** — *Ces articles ont été abrogés par l'art.* 20 *de l'ordonnance du* 10 *octobre* 1841, *et remplacés par les dispositions de cette ordonnance* (Voyez-les plus loin, section 3.)

Art. 156. — § 1er. Pour significations de toute espèce, d'avoué à avoué, sans aucune distinction : à *l'ordinaire* :

Émoluments.

A Paris, Bordeaux, Lyon, Rouen, Toulouse, Marseille, Lille et Nantes	0 f. 30 c.
Dans les villes où il y a une Cour d'appel, et dans celles dont la population excède 30,000 habitants	0 27
Dans le ressort et partout ailleurs	0 25

Débours.

Enregistrement, décime compris	0 f. 55 c (2)

§ 2. Pour significations *extraordinaires*, c'est-à-dire à une autre heure que celles où se font les significations ordinaires, suivant l'usage du tribunal :

Émoluments.

A Paris, Lyon, Bordeaux, Rouen, Toulouse, Marseille, Lille et Nantes	1 f. 00 c.

Débours.

Enregistrement	0 f 55 c.

(1) Dans les mêmes conditions, les huissiers audienciers des tribunaux de commerce ont droit, par appel de causes, à 0 fr 30 c (art 91 du décret du 14 juin 1813).

(2) Loi du 28 avril 1816, art. 41, n° 1. — Le timbre est fourni par l'avoué.

§ 3. Nota. — Ces significations doivent être faites à heure datée, et, à défaut de date, elles ne seront taxées que comme significations ordinaires. Elles ne sont passées en taxe, comme extraordinaires, qu'à Paris seulement (*et dans les tribunaux où le tarif de Paris est applicable*, 3e *décret de* 1807, *art.* 1 *et* 2).

§ 4. Les huissiers audienciers, quoiqu'ils soient commis pour faire des significations ou autres opérations, ne pourront exiger autres ni plus forts droits que les huissiers ordinaires, et ils seront obligés de se conformer à toutes les dispositions du Code comme tous les autres huissiers; mais les frais de transport des huissiers de la Cour d'appel, commis par elle, seront, dans ce cas, alloués suivant la taxe, quelle que soit la distance.

Observations.

Les émoluments dus aux huissiers audienciers et les droits d'enregistrement se perçoivent par chaque copie; il n'est rien dû pour l'original; mais on y relate l'enregistrement pour laisser aux mains de l'huisser ou de l'avoué la preuve qu'ils en ont déboursé les droits.

§ 2. *Des huissiers audienciers de la Cour d'appel de Paris et des autres Cours.*

Art. 157. — § 1er. Pour l'appel des causes sur le rôle, ou lors des arrêts par défaut, interlocutoires et définitifs, à la charge d'envoyer des bulletins aux avoués pour toutes les remises de cause qui seront ordonnées (1) :

Émoluments.

A Paris, Bordeaux, Lyon, Rouen, Toulouse, Marseille, Lille et Nantes. 1 25
Dans les autres Cours. 1 13

§ 2. Il ne sera passé aucun droit d'appel pour les simples remises de causes et les jugements préparatoires.

Art. 158. — § 1er. Pour signification de toute espèce, d'avoué à avoué, sans aucune distinction; *à l'ordinaire;*

Émoluments.

A Paris, Bordeaux, Lyon, Rouen, Toulouse. Marseille, Lille et Nantes. 0 75
Dans les autres Cours. 0 68

Débours.

Enregistrement, décime compris, par copie. . . . . 1 f. 10 c.

(1) Ces bulletins sont fournis par les greffiers, depuis le 1er juin 1854 (Décret du 24 mai 1854).

(2) Loi du 28 avril 1816, art 42

§ 2. A l'extraordinaire ou à heure datée :

Émoluments.

A Paris, Bordeaux, Lyon, Rouen, Toulouse, Marseille, Lille et Nantes.	1 50
Dans les autres Cours.	1 35

Débours.

Enregistrement, décime compris, par copie.	1 f. 10 c

Observations.

1re QUESTION.

Le droit d'appel de cause est-il dû aux huissiers audienciers dans les jugements sur requête ?

Nous ne croyons pas que cela puisse faire difficulté ; ces causes s'inscrivent au rôle comme les autres, et nul autre que les huissiers n'a le droit d'en faire l'appel sur le rôle. Le texte est formel *pour chaque appel de cause sur le rôle.*

2e QUESTION.

Les huissiers audienciers ont-ils droit à une rétribution pour l'appel des causes à l'audience des conseils de prud'hommes ?

L'art. 94 du décret du 14 juin 1813 accorde 15 centimes par chaque appel de cause aux huissiers audienciers près les tribunaux de paix. Il est vrai que l'analogie entre ceux-ci et les conseils de prud'hommes est aussi rapprochée que possible.

Mais je ne crois pas qu'il soit permis d'établir la perception d'un droit en se basant sur une analogie. Les émoluments comme les impôts ne peuvent être exigés qu'en vertu d'un texte : cette opinion est confirmée par la pratique des conseils de prud'hommes.

3e QUESTION.

Les art. 67, C. proc. civ. 66, § 7 du tarif de 1807, et 48 du décret du 14 juin 1813, qui obligent les huissiers à mettre, à la fin de l'original et de la copie de l'exploit, le coût d'icelui, et, en outre, à indiquer, en marge de l'original, le nombre de rôles des copies de pièces et à y marquer de même le détail de tous les articles de frais formant le coût de l'acte, sous les peines qu'ils prononcent, sont-ils applicables aux huissiers audienciers, pour les significations d'avoué à avoué ?

Nous avons déjà examiné cette question sous l'art. 66, p. 87, § 2, où nous avons motivé et exprimé l'opinion que ces articles sont applicables aux significations d'avoués comme à tous les actes des huissiers.

« Malgré le grand nombre d'objections qu'on s'est plu à entasser pour défendre l'opinion contraire, objections tirées de la place qu'occupent les textes dans les titres où ils sont placés, l'administration de l'enregistrement a été d'avis que les huissiers audienciers sont, comme les autres, tenus de mettre au bas des significations d'avoué à avoué le coût d'icelles.

« Le ministre des finances a approuvé cet avis le 21 fév. 1824 (*Journal de l'Enregistrement*, art. 7674, *Dictionnaire de l'Enregistrement*, v° *Coût*).

« Nous avons fréquemment entendu des taxateurs se plaindre de ce qu'ils n'avaient aucun moyen de vérification pour la quantité de papier timbré, portée, dans les états soumis à leur taxe, comme ayant été employée pour les copies des écrits qui ont été signifiés (1), parce que l'original de la signification ne leur donnait aucun renseignement à cet égard. Nous pensions que, quand ils voudraient exiger que les huissiers se conforment à la loi, ce moyen de contrôle ne leur ferait pas défaut. »

Ce qui précède, sur cette question, avait été écrit et publié en 1857, lors de la première édition de ce livre : j'ai cru devoir le laisser en entier dans celle-ci.

Mais les choses ne sont plus aujourd'hui dans l'état où elles étaient alors, et la question de savoir si tous les huissiers, ordinaires et audienciers, sont obligés de comprendre, dans le coût de leurs diligences, celui des copies de pièces qu'ils n'ont pas signées, du timbre employé à ces copies, et de l'envoi des pièces, a marché depuis dans une direction contraire à celle que je croyais la bonne.

En effet, l'administration de l'enregistrement, pour se conformer aux instructions approuvées par le ministre des finances, avait décerné une contrainte contre un huissier de l'arrondissement de Lille, auquel elle avait infligé une amende de 5 fr.,

(1) Autrefois les copies des requêtes faites par les avoués n'étaient point assujetties à n'avoir, par pages, qu'un nombre déterminé de lignes, ni un nombre fixe de syllabes par ligne.

Il n'y avait, pour les avoués, d'autres conditions que celle de les faire correctes et lisibles ; partant, il était impossible de savoir, en voyant la grosse d'un écrit, combien il avait été employé de papier timbré pour en faire la copie, l'avoué lui-même devait avoir oublié cette quantité s'il avait négligé d'en tenir note au moment où les copies étaient sorties de ses mains. Il était donc fort difficile de faire une évaluation exacte du papier timbré employé à ces copies.

Aujourd'hui, cette évaluation est plus facile, car le décret du 30 juillet 1862, rendu en exécution de la loi de finance, détermine le nombre de lignes et de syllabes que peut contenir chaque feuille selon sa dimension (V. ci-devant pag. 33 et 34.)

Or, ce que la feuille peut, elle doit le contenir, et c'est là-dessus que les taxateurs doivent se baser. Le calcul est de la plus grande simplicité : chaque rôle de grosse d'avoué doit contenir 600 syllabes (c'est une demi-feuille au timbre de 50 centimes), chaque rôle de copie doit en contenir 1800. Il faut donc passer pour les copies le tiers du timbre employé pour la grosse, en ajoutant pour la fraction une demi-feuille en sus.

pour n'avoir pas compris, dans le coût d'un exploit signifié par lui, celui des copies de pièces qu'il n'avait pas signées et du timbre employé à ces copies.

L'huissier fit opposition à la contrainte, et l'affaire fut portée devant le tribunal de Lille, en suivant la procédure prescrite en cette matière.

Le tribunal, par un jugement motivé avec un grand soin, admit l'opposition et annula la contrainte. Il statuait en dernier ressort.

L'administration de l'enregistrement se pourvut en cassation.

Mais, le 21 déc. 1858, la chambre civile de la Cour, sous la première présidence de M. Troplong, prononça le rejet du pourvoi (V. *Sirey*, 1859.1.681). Voici les motifs de l'arrêt :

« Attendu qu'il résulte des dispositions combinées des art. 67 « (C. proc. civ.), 66, paragraphe dernier, du décret du 16 fév. « 1807, et 48 du décret du 14 juin 1813, que l'obligation, im- « posée à l'huissier par l'art. 67, C. proc. civ., de mettre à la fin « de l'original et de la copie de l'exploit, *le coût d'icelui*, doit « s'entendre seulement de ce qui est dû personnellement à « l'huissier pour émoluments et déboursés; que les huissiers, « n'ayant pas à s'immiscer dans la taxe des frais dus aux avoués, « ne sauraient être tenus de comprendre, dans l'énonciation du « coût de leurs exploits, les frais de copie, de timbre et d'envoi « de pièces, qui seraient dus aux avoués ; — D'où il suit qu'en « le décidant ainsi, le jugement attaqué n'a violé aucune « loi. »

Quelles que soient les objections qu'on puisse faire à la doctrine de cet arrêt, il est certainement destiné à fixer la jurisprudence sur ce point.

L'administration de l'enregistrement n'insiste plus; d'un autre côté, les motifs invoqués par la Cour de cassation sont assez graves, pour qu'une fois adoptés elle veuille les maintenir.

4e QUESTION.

Les huissiers audienciers requis de service aux enquêtes ont-ils droit à des émoluments ?

Ce service est ordinairement pénible et exige du temps ; il semble qu'on aurait pu leur allouer 15 ou 20 cent. par témoin appelé par eux et entendu par le commissaire ou le tribunal. Mais le tarif ne leur accorde rien, c'est un oubli que ni les taxateurs ni les tribunaux, ni les commentateurs ne peuvent réparer.

Ils n'auraient pas non plus droit à une indemnité de transport s'ils étaient requis pour une enquête dans un lieu éloigné de leur domicile d'une distance taxable; parce que les droits de transport ne sont que l'accessoire des actes rétribués (Voir MM. CHAUVEAU et GODOFFRE, *Comm. du tarif*, nº 683).

SECTION III.

Émoluments des huissiers ordinaires et audienciers dans les ventes judiciaires d'immeubles, réglés par l'ordonnance du 10 octobre 1841.

Observations préliminaires.

L'article 20 de l'ordonnance du 10 octobre 1841 est ainsi conçu :

« § 1er. Sont et demeurent abrogés..... les §§ 44, 45, 46, 47, 48 « et 49 de l'art. 29..... du décret du 16 février 1807. »

Au premier abord, quand on veut savoir à quelle partie de cet art. 29 s'applique l'*abrogation*, on se heurte à un léger embarras matériel.

Si l'on se reporte, en effet, au texte officiel de cet article (*Bulletin des lois*, 4e série, t. VI, n° 148 du *Bulletin* et n° 2240 de l'*Extrait des minutes de la secrétairerie d'Etat*), on voit qu'il n'a point été divisé en paragraphes numérotés; mais qu'il renferme 75 alinéa qui ont été transformés par les principaux commentateurs en paragraphes portant chacun un numéro d'ordre (1).

Il est évident que l'*abrogation* prononcée par l'art. 20 de l'ordonnance de 1841 ne peut se référer à ce numérotage et que les rédacteurs de cette ordonnance ont dû suivre un autre système.

En effet, les alinéa de l'art. 29 abrogés sont, sans aucun doute, ceux dont ils ont répété, plus ou moins littéralement, la rédaction dans les divers paragraphes de l'art. 3 de l'ordonnance : or, pour arriver au numérotage sous lequel ils les ont désignés, il faut qu'ils n'aient compté que les alinéa de l'art. 29 portant, en tête, des chiffres de renvoi à un ou à plusieurs des articles des Codes ; il les ont ainsi réduits à 70 paragraphes au lieu de 75.

J'ai suivi le même ordre, satisfait de donner ainsi une base légale à des additions et des divisions indispensables pour l'ordre et la clarté du commentaire ; partant, voici, sans incertitude possible, les alinéa de l'art. 29 du tarif de 1807 abrogés par l'art. 20 et remplacés par l'art. 3 de l'ordonnance de 1841.

(1) Voy. MM. Chauveau et Godoffre, *Comment. du tarif*, 2e édit., n° 5578.

(§ 44.) « [Art. 673, Cod. proc. civ.] Pour l'original d'un commandement tendant à saisie immobilière.

(§ 45.) « [Art. 687, Cod. proc. civ.] De la notification à la partie « saisie de l'acte d'opposition de placards en saisie immobilière.

(§ 46.) « [Art. 693, Cod. proc. civ.] De la signification aux créan- « ciers inscrits de l'acte de consignation faite par l'acquéreur, en « cas d'aliénation, qui peut avoir lieu après la saisie immobilière, « sous la condition de consigner.

(§ 47.) « [Art. 695, Cod. proc. civ.] De la notification d'un exem- « plaire du placard aux créanciers inscrits.

(§ 48.) « [Art. 727, Cod. proc. civ.] De la demande en distraction « d'objets saisis immobilièrement contre la partie qui n'a pas avoué « en cause.

(§ 49.) « [Art. 734 et 736, Cod. proc. civ.] De la notification au « greffier de l'appel du jugement qui aura statué sur les nullités « proposées en saisie immobilière.

« A Paris.	2 f. 00 c.
« Partout ailleurs	1 50

Ceci préémis, arrivons au texte de l'ordonnance du 10 oct. 1841 en ce qui concerne les émoluments des huissiers ordinaires et audienciers dans les saisies immobilières et les ventes judiciaires d'immeubles.

DISPOSITIONS POUR LE RESSORT DE LA COUR ROYALE DE PARIS

CHAP. Ier. — HUISSIERS.

§ 1er. — *Huissiers ordinaires.*

Actes de première classe.

Art. 3. — § 1er. Il est alloué aux huissiers ordinaires [Pr. 673], pour l'original du commandement à saisie immobilière :

Émoluments.

A Paris, Bordeaux, Lyon, Rouen, Toulouse, Marseille, Lille et Nantes.	2 f. 00 c.
Dans les villes où il y a une Cour d'appel, et dans celles dont la population excède 30,000 habitants.	1 80
Dans le ressort et partout ailleurs.	1 50

Débours.

Enregistrement, décime compris (1). 2 f. 20 c.
Timbre. . . . .

§ 2. Pour chaque copie, le quart de l'original.

§ 3. Pour droit de copie du titre, par rôle contenant vingt lignes à la page et dix syllabes à la ligne, ou évalué sur ce pied :

Émoluments.

A Paris, Bordeaux, Lyon, Rouen, Toulouse, Marseille, Lille et Nantes. . . . . 0 f. 25 c.
Dans les villes où il y a une Cour d'appel, et dans celles dont la population excède 30,000 habitants. 0 23
Dans le ressort et partout ailleurs 0 20

Débours.

Timbre. . . . .

Observations.

Il est reconnu par les auteurs qui se sont occupés de cette matière que le § 3 ne s'applique qu'à la copie du titre authentique exécutoire ou à celle du jugement exécutoire en vertu desquels est fait le commandement, et non à la copie des titres et pièces qui ont servi de fondement primitif à l'obligation et au jugement. Ces dernières ne devraient pas être admises en taxe. Tout cela est sans difficulté.

Il est admis aujourd'hui, aussi sans difficulté, que cette copie appartient exclusivement à l'huissier et que l'avoué qui l'aurait signée n'a aucun droit à l'émolument (V. Boucher-d'Argis, v° *Saisie immobilière*, n° 2, et les autorités par lui citées; Dalloz, v° *Frais et dépens*, n° 651).

Du reste, la circulaire ministérielle du 20 mai 1842 s'exprime ainsi :

« Le tarif a résolu une question controversée en attribuant aux huissiers exclusivement chargés de la copie du titre, en vertu duquel la saisie est faite, le droit alloué pour cette copie.

« Les magistrats doivent veiller à ce que la règle posée dans le 3e paragraphe de l'art. 3 soit exactement observée et, s'il y a lieu, diriger des poursuites disciplinaires contre les officiers ministériels qui chercheraient à l'éluder. »

§ 4. Pour l'original de l'assignation en référé [Pr. 681].

§ 5. De la demande en nullité de bail [Pr. 684].

---

(1) Loi du 28 avril 1816, art. 43, n° 13, et loi du 2 juillet 1862, art 11 (*abrogée*).

§ 6. De l'acte d'opposition entre les mains des fermiers ou locataires, ou de la simple sommation aux mêmes [Pr. 685].

§ 7. De la signification aux créanciers inscrits de l'acte de la consignation faite par l'acquéreur, en cas d'aliénation, qui peut avoir lieu après saisie immobilière sous la condition de consigner [Pr. 687].

§ 8. De la sommation, à la partie saisie et aux créanciers inscrits, de prendre communication du cahier des charges [Pr. 691, 692].

§ 9. De la signification du jugement d'adjudication [Pr. 716].

§ 10. De la demande en résolution qui doit être formée avant l'adjudication et notifiée au greffe [Pr. 717].

§ 11. De l'exploit d'ajournement [718].

§ 12. De la demande en distraction de tout ou partie des objets saisis immobilièrement contre la partie qui n'a pas avoué en cause [Pr. 725].

§ 13. De l'acte d'appel qui doit être en même temps notifié au greffier du tribunal, et visé par lui [Pr. 732].

§ 14. De la signification du bordereau de collocation avec commandement [Pr. 735].

§ 15. De la signification des jour et heure de l'adjudication sur folle enchère [Pr. 736].

§ 16. De la sommation à faire à l'ancien et au nouveau propriétaire, et, s'il y a lieu, au créancier surenchérisseur [Pr. 837].

§ 17. De l'avertissement qui doit être donné au subrogé tuteur [Pr. 962].

§ 18. De la demande en partage [Pr. 969].

§ 19. Et généralement de tous actes simples non compris dans l'article suivant :

Émoluments.

A Paris, Bordeaux, Lyon, Rouen, Toulouse, Marseille, Lille et Nantes.	2 f.	00 c.
Dans les villes où il y a une Cour d'appel, et dans celles dont la population excède 30,000 habitants.	1	80
Dans le ressort et partout ailleurs.	1	50

Débours.

Enregistrement, décime compris (1). . . . . 2 f 20 c
Timbre. . . . .

Pour chaque copie, le quart de l'original.

Observations.

La sommation exigée par l'art. 3, § 8, l'est, à peine de nullité, lors même que la partie saisie aurait constitué avoué. Mais elle

(1) L'enregistrement de l'acte d'appel (§ 13) est, décime compris, de 11 fr

est suffisante pour la mettre en demeure. Il serait inutile de la renouveler par acte d'avoué à avoué. Si cela avait lieu, cet acte devrait être rejeté de la taxe (Arrêt de la Cour de Rouen du 4 juin 1842 ; Sirey, 1842.2.367; *J. du Palais*, 1842, 2e vol., p. 366).

Procès-verbaux et actes de seconde classe.

Art. 4. — § 1er. Pour un procès-verbal de saisie immobilière auquel il n'aura été employé que trois heures [Pr. 675] (1) :

---

(1) DÉCRET DU 16 FÉVRIER 1807, liv. II, tit. 2, § 2 (*articles abrogés*).

ART. 47.—§ 1er. Pour un procès-verbal de saisie immobilière auquel il n'aura été employé que trois heures [Proc. 675] :

A Paris . . . . 6 f. 00 c.
Dans les villes où il y a un tribunal de première instance. . 5 00
Dans les autres villes et cantons ruraux. 5 00

§ 2. Et cette somme sera augmentée, par chacune des vacations subséquentes qui auront pu être employées, de :

A Paris. . . . . 5 f. 00 c.
Dans les villes où il y a un tribunal de première instance. . 4 00
Dans les autres villes et cantons ruraux 4 00

§ 3. L'huissier ne se fera point assister de témoins.

ART. 48. Pour chaque copie de ladite saisie, qui sera laissée aux greffiers des juges de paix, et aux maires et adjoints des communes de la situation, le quart de l'original [Proc. 676].

ART. 49 Pour la dénonciation de la saisie immobilière et des enregistrements à la partie saisie [Proc. 681] :

A Paris. . . . . 2 f 50 c.
Dans les villes où il y a un tribunal de première instance. . 2 00
Et dans les autres villes et cantons ruraux. 2 00

Pour la copie de ladite dénonciation, le quart.

ART 50. Pour l'original de l'acte d'apposition de placards en saisie immobilière, lequel ne contiendra pas la désignation des lieux où ils ont été apposés [Pr. 685 et 686] :

A Paris. . . . . 4 f. 00 c.
Dans les villes où il y a un tribunal de première instance. . 3 00
Dans les autres villes et cantons ruraux. 3 00

ART. 63.—§ 1er. Pour l'original de l'acte contenant réquisition d'un créancier inscrit, à fin de mise aux enchères et adjudication publique de l'immeuble aliéné par son débiteur [Pr. 832, C. C 2185] :

A Paris, 5 fr 00 c, et partout ailleurs, 4 fr. 00 c.
Et pour la copie, le quart.

§ 2 L'original et la copie de cette réquisition seront signés par le requerant, ou par son fondé de procuration spéciale.

§ 3. Il contiendra la soumission de porter ou faire porter le prix à un dixième en sus de celui qui aura été stipulé dans le contrat, et l'offre d'une caution avec assignation devant le tribunal pour la réception de la caution.

ART. 65. . . . — § 2. Le procès-verbal d'apposition de placards, en vente de biens immeubles de mineurs, ou dépendant d'une succession bénéficiaire ou vacante, ou abandonnee par un débiteur failli, sera taxé comme en saisie immobilière.

ART. 153. Pour chaque publication du cahier des charges, dans toute espèce de ventes :

A Paris. . . . . 1 f. 00 c.
Dans les tribunaux du ressort. 0 75

ART. 154. Pour la même publication, lors de l'adjudication préparatoire :

A Paris . . . . 3 f. 00 c.
Dans les tribunaux du ressort. 2 25

ART. 155 Pour la publication, lors de l'adjudication définitive, y compris les frais de bougie, que les huissiers disposeront et allumeront eux-mêmes :

A Paris. . . . . 5 f. 00 c.
Dans les tribunaux du ressort. 3 75

Émoluments.

A Paris, Bordeaux, Lyon, Rouen, Toulouse, Marseille, Lille et Nantes.	6 f. 00 c.
Dans les villes où il y a une Cour d'appel, et dans celles dont la population excède 30,000 habitants.	5 40
Dans le ressort et partout ailleurs.	5 00

Débours.

Enregistrement, décime compris.	2 f. 20 c
Timbre.	

§ 2. Et cette somme sera augmentée, par chacune des vacations subséquentes qui auront pu être employées, de :

A Paris, Bordeaux, Lyon, Rouen, Toulouse, Marseille, Lille et Nantes.	5 f. 00 c.
Dans les villes où il y a une Cour d'appel, ou dont la population excède 30,000 habitants.	4 50
Dans le ressort et partout ailleurs.	4 00

§ 3. L'huissier ne se fera pas assister de témoins.

§ 4. Pour la dénonciation de la saisie immobilière à la partie saisie [Pr. 677] :

Émoluments.

A Paris, Lyon, Bordeaux, Rouen, Toulouse, Marseille, Lille et Nantes.	2 f. 50 c.
Dans les villes où il y a une Cour d'appel, et dans celles dont la population excède 30,000 habitants.	2 25
Dans le ressort et ailleurs	2 00

Débours.

Enregistrement, décime compris.	2 f. 20 c
Timbre.	

Pour la copie de ladite dénonciation, le quart.

§ 5. Pour l'original de l'acte contenant réquisition d'un créancier inscrit, à fin de mise aux enchères et adjudication publique de l'immeuble aliéné par son débiteur [Pr. 832, C. C. 2185] :

Émoluments.

A Paris, Bordeaux, Lyon, Rouen, Toulouse, Marseille, Lille et Nantes.	5 f. 00 c.
Dans les villes où il y a une Cour d'appel, et dans celles dont la population excède 30,000 habitants.	4 50
Dans le ressort et partout ailleurs	4 00

Débours.

Enregistrement, décime compris	2 f 20 c
Ecriture ou copie de la procuration. — Timbre.	

Et pour la copie, le quart.

§ 6. L'original et la copie de cette réquisition seront signés par le requérant ou par son fondé de procuration spéciale.

§ 7. Pour le procès-verbal d'apposition de placards dans toutes les ventes judiciaires, y compris le salaire de l'afficheur [Pr. 699, 704, 709, 735, 741, 743, 836, 959, 972, 988, 997] :

Émoluments.

A Paris, Bordeaux, Lyon, Rouen, Toulouse, Marseille, Lille et Nantes.	8 f. 00 c.
Dans les villes où il y a une Cour d'appel, et dans celles où la population excède 30,000 âmes.	7 20
Dans le ressort et partout ailleurs	6 00

Débours.

Enregistrement, décime compris.	2 f. 20 c
Timbre.	

Art. 5. — § 1er. Il ne sera rien alloué aux huissiers pour transport jusqu'à un demi-myriamètre.

§ 2. Il leur sera alloué, au delà d'un demi-myriamètre, pour frais de voyage qui ne pourra excéder une journée de cinq myriamètres (dix lieues anciennes), savoir : au dela d'un demi-myriamètre et jusqu'à un myriamètre, pour aller et retour :

A Paris et partout ailleurs . . . . 4 f. 00 c.

§ 3. Au delà d'un myriamètre, il sera alloué :

Par chaque demi-myriamètre, sans distinction . . . 2 f. 00 c. (1)

§ 4. Il sera taxé, pour *visa* de chacun des actes qui y sont assujettis :

Émoluments.

A Paris, Bordeaux, Lyon, Rouen, Toulouse, Marseille, Lille et Nantes.	1 f. 00 c.
Dans les villes où il y a une Cour d'appel, et dans celles où la population excède 30,000 habitants.	0 90
Dans le ressort et partout ailleurs	0 75

1re QUESTION.

L'huissier a-t-il droit à une vacation pour se faire délivrer la copie de la matrice cadastrale ?

La loi n'en accorde aucune, quoique cette pièce soit indispensable pour la validité du procès-verbal de saisie. On ne peut

(1) Voy. ce qui a ete dit plus haut, pag 76 à 83. La rédaction de l'art 5 de l'ordonnance etant la même que celle de l'art. 66 du tarif de 1807, les questions d'interprétation sont aussi les memes.

donc rien admettre en taxe ni pour l'huissier, ni pour l'avoué. C'est l'avis de tous les auteurs ; il ne souffre plus aucune contradiction, et l'opinion de M. Chauveau sur Carré n'est pas suivie dans la pratique (Dalloz, v° *Frais et dépens*, n° 653).

Telle est aussi l'opinion de MM. Deffaux et Harel (*Encyclopédie des huissiers*, 2ᵉ édit., v° *Saisie immobilière*, p. 757, n° 234).

Cependant MM. Chauveau et Godoffre (*Comm. du tarif*, 2ᵉ édit., n° 3027) insistent. Ils reconnaissent bien que la vacation, passée pour cet objet au tribunal de la Seine, n'est réellement pas due ; mais ils ajoutent qu'elle doit être comprise dans celles nécessaires à la rédaction du procès-verbal de saisie : c'est arriver au même lieu par un chemin de traverse.

Je ne saurais partager leur opinion.

La demande de délivrance de la matrice cadastrale à la mairie de la situation des biens saisis, n'est pas un acte plus inhérent aux fonctions d'huissier, que celle à faire au notaire ou au greffier de la grosse exécutoire de l'acte en vertu duquel la saisie est pratiquée. Les démarches pour compléter le dossier peuvent être faites par le client, un commissionnaire, un clerc ou tout autre aussi bien que par l'huissier ; s'il est dû pour cela quelque chose, ce ne peut être que par le poursuivant, sans recours contre le débiteur.

Et puis si l'acte appartient à l'huissier, comment lui refuser l'indemnité de *transport*, qui peut, dans certains cas, s'allonger jusqu'au siége de la direction des contributions directes ? Certes les savants commentateurs dont je critique la solution n'iraient pas jusque-là.

Ainsi l'avoué et l'huissier n'ont droit qu'à leurs déboursés, qui consistent : 1° dans le timbre ; 2° dans le droit d'enregistrement, 1 fr. 10 c., décime compris, là où ces déboursés sont exigés par l'administration de l'enregistrement.

2ᵉ QUESTION.

L'huissier peut-il réclamer des droits de copie pour l'insertion de la matrice cadastrale au procès-verbal de saisie ?

Evidemment. Mais MM. Chauveau et Godoffre (*eod.*, n° 3028) disent que l'usage à Toulouse est d'accorder à l'huissier un émolument de 10 centimes par article de la matrice cadastrale.

Je ne connais aucun document législatif qui, directement ou par analogie, puisse être invoqué pour justifier cet usage, que je suis très-enclin à considérer comme un abus.

3e QUESTION.

Chaque vacation au procès-verbal de saisie doit durer trois heures. La dernière vacation est-elle due en entier, quoiqu'elle n'ait pas duré ce temps?

Non. Mais elle est due proportionnellement. C'est l'opinion de MM. Carré et Dalloz, que je partage complétement. Je l'accorderais par fraction d'une heure au moins.

4e QUESTION.

L'opposition autorisée par l'art. 3, § 6, de l'ordonnance, est-elle une saisie-arrêt? Et doit-elle être suivie des dénonciations et des autres procédures nécessaires à la validité des saisies-arrêts?

Non. C'est une simple opposition; M. Persil, rapporteur de la loi du 2 juin 1841, l'a caractérisée ainsi dans la séance de la Chambre des pairs du 23 mars 1840 (V. le *Moniteur* du 31 mars, p. 597).

Si donc les actes de la saisie-arrêt étaient faits, ils devraient être rejetés de la taxe. Cela ne comporte aucun doute.

5e QUESTION.

S'il y a eu plusieurs commandements périmés, doit-on les admettre en taxe?

Non. La péremption a lieu par la faute du poursuivant; il doit prendre à son compte les actes qu'elle a pour objet d'annuler. Il en serait autrement si la péremption avait eu lieu par suite d'une demande, bien constatée, faite par le débiteur d'un délai de grâce, qui lui aurait été accordé par le créancier; mais dans le doute il faudrait se décider contre ce dernier, et attribuer la péremption à sa négligence.

6e QUESTION.

L'huissier chargé de l'apposition du placard peut-il faire plusieurs procès-verbaux, quand il a été obligé, par l'éloignement du lieu où ils doivent être apposés, d'employer plusieurs jours à en parcourir les distances?

Il est certain, qu'il y ait plusieurs procès-verbaux ou qu'il n'y en ait qu'un, il n'y a pas nullité de la procédure. Ce n'est donc qu'une question de taxe et d'appréciation de frais frustratoires.

Le *Journal des huissiers* (1854, p. 141) contient une longue et intéressante dissertation pour établir, à l'encontre de M. CHAUVEAU, que l'huissier chargé de l'apposition des placards peut, lorsqu'il est obligé de consacrer plusieurs jours à cette opération, dresser autant de procès-verbaux, entraînant un émolument particulier, qu'il emploie de journées de voyage.

MM. CHAUVEAU et GODOFFRE (*Comm. du tarif*, 2e édit., n° 3169), après avoir reproduit cette dissertation, persistent avec force dans l'opinion contraire qu'ils résument ainsi :

« 1° Il ne faut qu'un procès-verbal, quand l'huissier a capa-
« cité pour instrumenter dans tous les lieux d'apposition, quelle
« que soit la durée de l'opération ; seulement, en pareil cas, le
« droit d'enregistrement de 2 fr. 20 c. est dû par séance, quelle
« qu'en soit la durée ;

« 2° Il faut autant de procès-verbaux qu'il y a de lieux d'ap-
« position dans des arrondissements différents. »

Je suis, à mon tour, obligé de dire mon sentiment sur cette question :

Sans me dissimuler la valeur de l'objection qu'en certains cas (mais fort rares) les salaires des afficheurs dont l'huissier est tenu réduiraient les émoluments d'une manière fâcheuse, je me range à l'opinion de MM. Chauveau et Godoffre. Je suis touché par une grosse raison qui vient d'abord à l'esprit de chacun, et qui plane sur toute cette matière : c'est qu'en principe, les actes ministériels sont faits pour l'avantage des parties et que l'intérêt de ceux qui ont mission de les faire, tout respectable qu'il est, ne vient pourtant que dans un rang subordonné : or, tout le monde s'accorde à reconnaître qu'un seul procès-verbal est possible et suffit aux nécessités de la procédure. Sans doute l'intérêt de l'huissier serait mieux sauvegardé s'il y en avait plusieurs ; mais ils produiraient pour les parties le même résultat qu'un seul aurait donné. *Non fieri debet per plura quod per pauciora fieri potest.*

Et puis, le dirai-je? l'opinion contraire ouvrirait la porte à d'inévitables abus et créerait le germe d'interminables et irritantes discussions de taxe.

Quant au droit de transport, il n'y a aucune difficulté à l'accorder à l'huissier pour toutes les journées employées à l'opération.

Si au lieu de faire plusieurs procès-verbaux, plusieurs huissiers avaient été employés dans le même arrondissement, l'opération ne serait pas irrégulière, mais les frais frustratoires devraient être retranchés à la taxe.

7e et 8e QUESTIONS.

1° L'huissier peut-il comprendre dans ses frais ceux du pouvoir spécial qu'il doit avoir pour faire la saisie immobilière ?

L'affirmative ne paraît pas douteuse ; le pouvoir est un déboursé nécessaire : or, l'art. 19 de l'ordonnance du 10 oct. 1841 veut que les déboursés justifiés soient alloués en sus des droits qu'il fixe.

2° Les art. 35 et 36 du décret du 14 juin 1813 sont-ils applicables aux transports des huissiers en matière de ventes judiciaires ?

Je ne crois pas non plus que cela puisse faire de doute ; l'ordonnance de 1841 n'a pas voulu déroger à cette loi spéciale ; elle n'a aucune disposition contraire à son application.

Il faut entendre et appliquer l'art. 5 du tarif de 1841, comme l'on entend et l'on applique l'art. 66 de celui de 1807.

§ 2. — *Huissiers audienciers des tribunaux de première instance.*

Art. 6. — Il est alloué aux huissiers audienciers des tribunaux de première instance :

§ 1er. Pour la publication du cahier des charges [Pr. 659] :

A Paris, Bordeaux, Lyon, Rouen, Toulouse, Marseille, Lille et Nantes.	1 f.	00 c.
Dans les villes où il y a une Cour d'appel, et dans celles dont la population excède 30,000 habitants.	0	90
Dans le ressort et partout ailleurs	0	75

§ 2. Lors de l'adjudication, y compris les frais de bougie, que les huissiers disposeront et allumeront eux-mêmes [Pr. 705, 706] :

A Paris, Bordeaux, Lyon, Rouen, Toulouse, Marseille, Lille et Nantes.	5 f.	00 c.
Dans les villes où il y a une Cour d'appel, et dans celles où la population excède 30,000 habitants. . .	4	50
Dans le ressort et partout ailleurs	3	75

§ 3. Ce droit sera alloué à raison de chaque lot adjugé, quelle qu'en soit la composition, sans qu'il puisse être exigé sur un nombre de lots supérieur à six.

§ 4. Lorsqu'après l'ouverture des enchères, l'adjudication n'aura pas lieu, il sera alloué aux huissiers, y compris les frais de bougie, et quel que soit le nombre de lots :

A Paris, Bordeaux, Lyon, Rouen, Toulouse, Marseille, Lille et Nantes.	5 f.	00 c.
Dans les villes où il y a une Cour d'appel, et dans celles dont la population excède 30,000 habitants.	4	50
Et partout ailleurs	3	75

SECTION IV.

§ 1er.

QUEL EST LE TARIF APPLICABLE AUX ACTES DES HUISSIERS, QUAND ILS AGISSENT, EN MATIÈRE CRIMINELLE OU DE POLICE, A LA REQUÊTE DE PARTIES CIVILES POUR LEURS DOMMAGES ET INTÉRÊTS ?

Je m'étais proposé de ne parler que des tarifs civils et de laisser à l'écart les tarifs criminels ; mais les termes dans lesquels la question qu'on vient de lire est formulée impliqueraient une matière mixte qui rentre en plein dans mon sujet : je dois donc en parler et en dire mon sentiment.

Tout le monde comprend l'intérêt des huissiers à ce qu'on applique aux actes dont il s'agit le tarif du 16 février 1807 plutôt que celui du 18 juin 1811.

Voyons si cela est possible : Peu d'auteurs ont parlé de cette question, et à ma connaissance, elle n'a donné lieu à aucune décision judiciaire.

Mais les honorables et savants auteurs de l'*Encyclopédie des huissiers* en ont fait l'objet de leur examen. Seulement ils ne se sont pas accordés sur la solution ; car ils la font varier de la négative à l'affirmative, laissant ainsi les officiers ministériels, auxquels leur livre est destiné, dans la pénible incertitude de ne savoir à quoi se résoudre sur un point de droit qui touche de si près leur intérêt. La faute en est-elle à la difficulté du problème ?

Voici d'abord ce qu'on lit dans le 4e vol., 2 édit. (1856), vº *Frais et dépens*, nº 190 :

« Les actes faits par les huissiers, en matière criminelle ou correctionnelle, à la requête des parties civiles, doivent être taxés comme les actes signifiés à la requête du ministère public : c'est-à-dire, conformément au tarif du 18 juin 1811, et non conformément au tarif du 16 février 1807.

« Autrement on arriverait à ce résultat étrange que le même acte (une citation à témoins, par exemple) fait par le même huissier, dans la même instance, donnerait lieu à deux droits différents, selon que l'acte serait signifié à la requête du ministère public ou à celle de la partie civile.

« Telle n'a pas été la volonté du législateur : pour s'en convaincre, il suffit de se reporter aux dispositions des art. 182, 197, 202 et 208 du Cod. d'instr. crim. rapprochés de l'art. 71 du décret du 18 juin 1811.

« On voit, en effet, par ce rapprochement, que le salaire des huissiers est fixé pour tous les cas, et qu'il n'y a pas lieu de distinguer entre l'acte fait à la requête du ministère public et celui qui est signifié à la requête de la partie civile. »

Voilà qui est très-explicite et appuyé de raisons sérieuses. Mais plus tard les mêmes auteurs (6e vol., 2e édit. 1865, v° *Tarif*, n° 23), ont soutenu l'opinion contraire :

« Ici, disent-ils, se présente une question qui intéresse au plus haut degré les huissiers.

« Les actes faits à la requête de la partie civile, qui saisit les tribunaux criminels de son action en dommages et intérêts, doivent-ils être taxés selon le décret du 18 juin 1811 ?

« Evidemment non, quoique cela se fasse en certaines localités.

« En effet, le décret de 1811 n'est applicable qu'aux actes nécessaires pour parvenir à l'application des peines prononcées par la loi, aux actes faits en vertu du Code d'instruction criminelle, en un mot, aux actes seuls faits à la requête du ministère public.

« La preuve de ce que nous venons de dire se trouve : 1° dans l'art. 1er du décret de 1811, qui charge l'administration de l'enregistrement de faire l'avance des frais de justice criminelle ;

« 2° Dans l'art. 2, qui comprend dans ces frais le salaire des huissiers ;

« 3° Dans les art. 71 et suiv., qui ne fixent le salaire que pour les actes résultant du Cod. d'instr. crim. et du Cod. pén., et qui énoncent en même temps les articles desdits Codes, en vertu desquels les actes sont signifiés ;

« 4° Dans l'art. 83, qui exige la tenue au parquet d'un registre des actes des huissiers, prévus par le décret de 1811 ;

« 5° Enfin dans le tit. 3, chap. 1er sur le mode de paiement desdits frais, et le visa des états par les officiers de justice et le préfet.

« Or, les actes faits à la requête de la partie civile n'ont lieu qu'en vertu des dispositions du droit civil et non pour l'exécution des lois pénales ; les frais de ces actes ne sont jamais à la charge de l'administration de l'enregistrement et doivent toujours être payés par la partie civile. Enfin les mémoires ou états desdits frais ne sont pas soumis au visa du préfet... Ce qui a pu induire en erreur, c'est la faculté accordée à la partie civile de soumettre son action civile à la juridiction criminelle ; mais cette faculté ne change rien à la nature de l'action, ni à celle de l'exploit qui reste un exploit en matière civile. »

Pour démêler avec exactitude ce qu'il y a d'admissible ou de contestable dans cette ingénieuse théorie, trop laconiquement exposée, il faut la compléter, en remontant jusqu'au droit ancien et à celui qui a immédiatement précédé le décret du 18 juin 1811, qui contient le tarif, en matière criminelle,

La route est un peu longue, mais qu'importe, si nous espérons trouver la lumière au bout du chemin !

I.

Droit ancien.

Je m'empresse de reconnaître et même de constater, en principe :

1° Que le 2e § de l'art. 1er et l'article 182 du Code d'instruction criminelle ne sont pas introductifs d'un droit nouveau, que sous l'ancienne législation, la partie lésée par un fait délictueux avait l'exercice de l'action en réparation civile devant les tribunaux criminels, soit qu'elle voulût agir par voie de plainte, soit par voie de citation directe. C'est ce que démontre M. Faustin (Hélie) (*Traité de l'instruction crim.*, *tom.* 2, *liv.* 2, *chap.* 2) ;

2° Que les formalités nécessaires à la validité *des exploits* (nom générique de tous les actes de la compétence des huissiers, étaient réglementées par l'ordonnance civile de 1667 ; que l'ordonnance criminelle de 1670 ne contenait rien là-dessus, et qu'elle s'en référait à la 1re (NOUVEAU DENISART, v° *Assignation en matière criminlle*, § 1, n° 2), que même l'art. 20 du titre 25 portait : « VOULONS que ce qui a été ordonné pour les dépens, en « matière civile, soit exécuté en matière criminelle ; »

3° Que les salaires attribués aux huissiers pour leurs exploits ont été réglés selon les temps par divers tarifs, émanés des juridictions royales, déléguées à cet effet par l'ordonnance de mai 1579. Que le dernier pour le parlement de Paris est contenu dans un arrêt du 1er juin 1775, et rédigé en 13 articles ; ils sont en quelque sorte la préface du règlement général de 1778, qui pour ce motif ne contenait que le tarif des greffiers, procureurs et avocats ;

4° Que ces tarifs, en ce qui concerne les salaires des huissiers, n'ont établi aucune distinction entre les matières civiles et les matières criminelles, soit que ces salaires dussent être acquittés par les parties civiles, ou même par le domaine royal ou par celui des seigneurs justiciers dans l'étendue de leur fief ;

5° Que cependant il y avait une exception dans le ressort du parlement de Bordeaux, où la déclaration du roi, du 26 juin 1745, établissait un tarif spécial pour les actes d'huissier, en matière criminelle, lorsque les salaires en retombaient à la charge du domaine ou des seigneurs ; mais que Serpillon atteste qu'il n'est applicable qu'au ressort du parlement de Bordeaux, et nulle part ailleurs. — (SERPILLON, *Code crim.* (ordonn. de 1670) *pag.* 46 *à* 48.)

II.

Droit intermédiaire.

Les choses en étaient là au moment de la Révolution ; plusieurs décrets s'étaient occupés des huissiers, sans rien innover à ce qu'on vient de lire, lorsque, le 26 novembre 1792, la Convention nationale décréta que les huissiers des tribunaux criminels seraient payés pour leur service intérieur près des tribunaux à raison de 600 livres par an, et qu'ils seraient en outre payés pour les actes de leur ministère, *comme les huissiers des tribunaux civils.*

Plus tard, le 23 brumaire an IV (14 novembre 1795), un arrêté du Pouvoir exécutif autorisa le ministre de la justice à régler le salaire des huissiers chargés des citations, assignations et significations *à la requête des commissaires du Pouvoir exécutif.*

Je ne sais pas si ce tarif a été fait, mais s'il l'a été, j'accorde qu'il n'a rien changé à l'égalité du salaire des huissiers, quand ils agissaient à la requête des particuliers, soit au civil, soit au criminel, car le ministre aurait excédé ses pouvoirs et violé le décret de la Convention du 26 nov. 1792.

Cette égalité a été rappelée par l'art. 12 de l'ARRÊTÉ du 6 messidor an VI, qui se réfère à l'art. 32 de la loi du 6 mars 1791 et à celle du 26 nov. 1792, pour la taxe des procédures.

Nous voici au tarif du 16 février 1807 ; il est intitulé :

DÉCRET IMPÉRIAL *contenant le tarif des frais et dépens pour le ressort de la Cour d'appel de Paris.*

Le livre 2, titre 1er, contient la taxe des actes des huissiers ordinaires.

Ce tarif s'appliquait-il aux actes des huissiers, en matière criminelle ?

Laissons de côté ceux de ces actes faits à la requête du ministère public, et dont les salaires retombaient à la charge du Trésor, puisque l'arrêté du Pouvoir exécutif, du 23 brumaire an IV, avait inauguré pour eux le principe d'un droit nouveau.

Mais quant à ceux faits à la requête des parties civiles ou même à la requête des parties poursuivies et dont les frais étaient à leur charge, j'admets volontiers que le décret les régissait. En effet, 1° ce tarif remplaçait celui de 1775, qui était commun aux matières civiles et criminelles.

2° Son art. 29, § 71, comprend, dans sa généralité, tous les actes possibles de la compétence des huissiers :

« De tout exploit, dit-il, contenant sommation de faire une

« chose, ou opposition à ce qu'une chose soit faite, protestation « de nullité, *et généralement de tous actes simples du ministère « des huissiers, non compris dans la 2e partie du présent ta- « rif.* »

3° Enfin, et cela est décisif, la loi du 26 nov. 1792, alors non abrogée, disait que les huissiers seraient payés pour les actes de leur ministère, *en matière criminelle, comme les huissiers des tribunaux civils.*

Voilà quel était le droit à l'apparition du décret du 18 juin 1811.

A-t-il voulu le changer? a-t-il abrogé en cette partie le tarif de 1807 ?

L'*Encyclopédie*, en 1865, dit : non.

Car, suivant elle, le décret de 1811 ne s'est proposé d'autre objet que d'organiser le principe nouveau posé dans l'arrêté du gouvernement, du 23 brumaire an IV. Et il n'aurait tarifé les salaires *des citations, assignations et significations* données à la requête du ministère public, en vue de la répression pénale des crimes et délits et contraventions, que pour alléger les charges du Trésor, qui doit en avancer les frais.

Elle trouve la preuve de cela dans les art. 1, 2, 83, et dans le titre 3, chapitre Ier de ce décret.

Mais quant aux actes, donnés à la requête des parties civiles pour leurs dommages et intérêts, comme les salaires n'en peuvent jamais retomber sur le Trésor, il ne s'en serait pas occupé. C'est même pour cela qu'ils doivent être écrits sur papier timbré et enregistrés dans les délais ordinaires, les droits à la charge des parties requérantes.

Ces raisonnements seraient justes et fondés s'il n'existait pas dans le décret d'autres dispositions que celles qu'on invoque, ou si les autres pouvaient se prêter à ce système d'interprétation.

Mais, à mon avis, cela n'est pas. C'est le contraire qui est la vérité.

Pour le démontrer, il faut faire remarquer qu'en 1811, il n'existait encore aucun règlement général organique pour les huissiers ordinaires et les huissiers audienciers des tribunaux civils et criminels. Ce règlement n'est intervenu que le 14 juin 1813.

Le décret de 1811, titre 1er, chap. VI, s'est proposé d'en jeter les bases ; l'art. 69 enjoint au grand juge, ministre de la justice, d'en préparer le projet. Ce chapitre est intitulé :

Des salaires des huissiers.

Quoiqu'il s'occupe, dans les art. 65 à 69, des huissiers en général, tant en matière civile qu'en matière criminelle, il ne tarife pourtant leurs actes qu'en matière criminelle.

L'art. 71 est ainsi conçu :

« Les salaires des huissiers, *pour tous les actes de leur ministère* « *résultant du Code d'instruction criminelle et du Code pénal,* sont fixés « ainsi qu'il suit :

« 1° Pour *toutes* citations, significations, communications et man- « dats de comparution, dans les cas prévus par les art. 19, 37, 72, « 81, 91, 97, 109, 114, 116, 117, 128, 129, 130, 131, 135, **145**, « 146, 149, **151**, 153, 157, 158, 160, 172, 174, 177, **182**, 185, 186, « **187**, 188, 190, 199, 203, 205, 212, 213, 214, 229, 230, 231, 242, « 266, 269, 281, 292, 203, **321**, 354, 355, 356, 358, 389, 394, 396, « 397, 398, 415, **418**, 421, 452, 454, 456, 466, 479, 487, 492, 500, « 507, 517, 519, 528, 531, 532, 538, 546, 547, 548 et 567 du Cod. « d'instr. crim.

« Pour l'original seulement, etc. »

Peut-il rester un doute que cet article s'applique aussi bien aux actes faits à la requête des parties civiles qu'à ceux donnés à la requête du ministère public?

J'ai le regret d'être contraint, par l'évidence des choses, à dire que non.

Il suffit, en effet, de se reporter aux art. 145, 151, 182, 187, 321 et 418 du Cod. d'inst. criminelle, imprimés ci-dessus en plus gros caractères (1), pour acquérir la preuve non équivoque qu'aucune distinction ne peut être admise entre les actes notifiés à la requête du ministère public et ceux signifiés à la requête des parties civiles, des prévenus ou des accusés, de sorte que s'il est vrai que le décret de 1811 n'abroge pas explicitement le tarif de 1807, il est démontré qu'il y déroge, et c'est le même résultat.

§ 2.

EN EST-IL DE MÊME POUR LES ACTES D'EXÉCUTION, A LA REQUÊTE DE PARTIES CIVILES, DES JUGEMENTS ET ARRÊTS PRONONÇANT DES CONDAMNATIONS CIVILES A LEUR PROFIT?

LES SIGNIFICATIONS ET COMMANDEMENTS AUX FINS D'EXÉCUTION DESDITS JUGEMENTS ET ARRÊTS, SOIT PAR VOIE DE SAISIE, SOIT PAR L'EXERCICE DE LA CONTRAINTE PAR CORPS, SONT-ILS SOUMIS A LA TAXE DE L'ART. 71?

Je suis parfaitement d'avis qu'il n'en est rien.

(1) CODE D'INSTRUCTION CRIMINELLE.

ART. 145. Les citations pour contraventions de police seront faites à la requête du ministère public *ou de la partie qui réclame* — Elles seront notifiées par un huissier.....

ART. 151. L'opposition au jugement par défaut pourra être faite .. *ou par acte no-*

En effet, la dérogation du décret de 1811 à celui de 1807 ne s'étend pas jusqu'à l'exécution civile des condamnations en dommages et intérêts, prononcées par les jugements et arrêts criminels au profit des parties civiles. L'exécution des condamnations pénales ne regarde plus que le pouvoir chargé d'assurer la vindicte publique. Il n'y a plus promiscuité de rôle, entre lui et les parties lésées, comme dans les poursuites préalables à la condamnation.

Les procédures et formalités, édictées pour parvenir à l'exécution civile des titres authentiques, et en forme exécutoire, ne dépendent pas de l'origine autoritaire de ces titres ; elles appartiennent toutes au droit civil, qui règle l'exercice de la contrainte par corps, et la pratique des saisies mobilières et immobilières et des autres voies d'exécution de toute nature.

La taxe de ces procédures est donc évidemment du ressort des tarifs civils.

Les significations et commandements préalables exigés pour leur validité doivent être soumis à la même règle.

---

tifié dans les trois jours de la signification.

ART 152 Le tribunal est saisi, en matière correctionnelle.. .. soit par citation donnée directement au prevenu, à la requête de la partie civile

ART. 187. La condamnation par défaut sera comme non avenue. , si (*le prévenu*) notifie son opposition tant au ministere public qu'à la partie civile.

ART 321 .. (2e *alinea*). Les citations (*à témoins*) faites a la requête des accusés seront a leurs frais. .

ART. 418 Lorsque le recours en cassation contre un arrêt ou jugement en dernier ressort, rendu en matiere criminelle, correctionnelle ou de police, sera exercé par la partie civile.. ... (*il*) *sera notifie à la partie contre laquelle il est dirige.*

IIᴱ PARTIE.

CHAPITRE UNIQUE.

De l'action des officiers publics aux fins du recouvrement des frais et dépens qu'ils ont exposés pour les parties, et de la taxe de leurs actes.

Je ne dois m'occuper ici que des officiers publics dont les tarifs sont contenus dans le travail qui précède. J'ai parlé des autres avec un peu plus de détail dans mon ouvrage général sur la taxe en matière civile.

§ 1er.

De la taxe des indemnités de transport accordées aux juges de paix.

On a vu plus haut que les juges de paix n'ont plus droit aux vacations que leur accordait le tarif de 1807.

Mais il leur est dû des indemnités de transport, lorsqu'ils vont à plus de cinq myriamètres du chef-lieu de leur canton :

1° Dans les transports sur les lieux contentieux, en exécution d'un jugement préparatoire, rendu sur la réquisition des parties ou de l'une d'elles (*Art.* 1er *de la loi du* 21 *juin* 1845, *art. unique de l'ordonnance du* 6 *décembre de la même année, et* § 2 *de l'art.* 8 *du décret du* 16 *fév.* 1807).

2° Dans les transports pour les opérations d'apposition de reconnaissance ou de levée de scellés (*Tarif, art.* 1er, § 2), pour un référé au cours des mêmes opérations ou pour la présentation d'un testament ou de tout autre papier cacheté, au président du tribunal de première instance (*Tarif, art.* 2), pour être présent à l'ouverture des portes, en cas de saisie-exécution (*Tarif, art.* 6), ou à l'arrestation d'un débiteur, condamné par corps, dans le domicile où se trouve ce dernier (*Tarif, art.* 6, § 2).

I. Il est certain, dans la première hypothèse, que l'indemnité de transport rentre dans les frais généraux, qui sont l'accessoire de la contestation principale dont le juge de paix est saisi, et qu'il a compétence pour y condamner celle des parties qu'il estime devoir les supporter d'après les circonstances de la cause.

L'ordonnance du 6 décembre 1845 est si claire et si facile à appliquer, qu'il n'est pas à ma connaissance qu'il se soit encore élevé de contestations relativement à la taxe de l'indemnité qu'elle tarife.

Mais s'il y avait contestation soulevée par une partie de mauvaise humeur, contestation fondée ou non fondée, quelle serait la marche à suivre pour la vider?

L'art. 6 du second décret du 16 février 1807 est ainsi conçu :

« L'exécutoire ou le jugement, au chef de la liquidation (*des dé-*
« *pens*) seront susceptibles d'opposition.

« L'opposition sera formée dans les trois jours de la signification
« à avoué avec citation. Il y sera statué sommairement, et il ne
« pourra être interjeté appel de ce jugement que lorsqu'il y aura
« appel de quelques dispositions sur le fond. »

Selon moi, cet article est général, et par une analogie certaine, il s'applique à toutes les juridictions. Et, dans celles où les parties ne sont pas représentées par des avoués, les significations exigées doivent s'entendre de celles faites à leurs personnes.

Ainsi, la partie condamnée par une sentence du juge de paix, et qui voudra en faire réformer la liquidation des dépens, devra, dans les trois jours de la signification qui lui en aura été donnée, faire opposition et citer sa partie adverse devant le juge qui l'a rendue. Tout cela est clair et facile.

Il se rencontre cependant un obstacle ; car le juge de paix est personnellement intéressé à maintenir la taxe qu'il s'est adjugée; pourra-t-il être récusé?

Oui, sans aucun doute. Il se trouvera dans le cas prévu par le n° 1 de l'art. 44 du Cod. de proc. civ. Il se récusera naturellement, il n'est pas supposable qu'il forcera par son obstination la partie opposante à recourir à l'accomplissement des formalités légales de la récusation. En tout cas, elle y serait fondée.

Alors le suppléant du juge de paix deviendra nécessairement juge de l'opposition. Il y statuera, et le jugement qu'il rendra sera ou non susceptible d'appel selon les cas prévus par l'art. 6 qu'on vient de lire. S'il est rendu en dernier ressort, il est susceptible du pourvoi en cassation.

II. Dans la deuxième hypothèse, c'est-à-dire lorsqu'il s'agit de régler l'indemnité du transport du juge de paix à plus de cinq kilomètres du chef-lieu de son canton :

1° Pour une apposition, reconnaissance ou levée de scellés;

2° Pour un référé au cours des mêmes opérations, ou pour la présentation d'un testament ou de tout autre papier cacheté au président du tribunal de première instance;

3° Pour être présent à l'ouverture des portes, en cas de saisie-exécution, ou à l'arrestation d'un débiteur, condamné par corps, dans le domicile où ce dernier se trouvera.

Ce n'est plus au juge de paix que la taxe appartient, mais au président du tribunal de son arrondissement. Cette juridiction est conférée à ce dernier magistrat par l'art. 1er, § 3, du tarif de 1807 : « si le nombre des vacations d'apposition, reconnaissance et levée « de scellés paraît excessif, le président du tribunal de première « instance, *en procédant à la taxe, pourra le réduire* (1), » et par l'art. 2 du même tarif : « s'il y a lieu à référé, lors de l'apposition « des scellés..., les vacations du juge de paix (*et bien entendu les « droits de transport*) lui sont alloués comme celles pour l'apposi- « tion, la reconnaissance et levée de scellés ; » enfin par l'art. 657 du Code de procédure civile et par les principes généraux qui régissent toute la matière.

Je ne crois pas qu'on puisse rien opposer à cela : mais la taxe et l'exécutoire du président ne sont pas souverains. Ils peuvent être réformés sur l'opposition soit de la partie, soit du juge de paix lui-même.

C'est l'article 6 du deuxième tarif de 1807, cité plus haut, qui autorise cette voie de recours ; elle est recevable de la part du juge de paix, tant que l'exécutoire n'a pas été signifié à la partie, et de la part de celle-ci, tant qu'il ne s'est pas écoulé trois jours, ou peut-être même huit jours depuis la signification à personne ou domicile.

L'opposition et la citation saisissent le tribunal entier qui doit statuer, à la chambre du conseil, après avoir entendu les parties (*Voyez, au surplus, ce qui a été dit dans* LE NOUVEAU MANUEL *de la taxe, en matière civile, pag.* 397 *et suiv., et pag.* 403 *et suiv.*).

§ 2.

De l'action des greffiers de justice de paix, en paiement de ce qui leur est dû par les parties, et de la taxe de leurs actes.

I. Quoiqu'il soit d'usage général que les greffiers se fassent déposer, à l'avance, par les parties les sommes nécessaires à couvrir les émoluments et avances que leurs actes sont susceptibles d'entraîner, il peut pourtant arriver exceptionnellement qu'ils négligent cette précaution. D'ailleurs, ces actes sont dans tous les cas assujettis à la taxe, dont l'exécutoire, quand il y a lieu, est lui-même susceptible d'opposition.

A quelle juridiction les greffiers ou les parties doivent-ils s'adresser ?

Il y a sur ce point d'assez grands embarras, qu'il faut amoindrir, en examinant attentivement les hypothèses qui peuvent se présenter.

---

(1) Il est certain que la loi du 21 juin 1845 n'abroge le chap. 1er du tarif que dans les dispositions qui sont contraires aux siennes, et que les autres, notamment le § 3 de l'art. 1er et l'art. 2, sont restés en vigueur, pour la taxe de l'indemnité de transport, quand il y a lieu. Elle ne supprime, en effet, que les vacations et les droits de transport du juge de paix à moins de cinq kilomètres du chef-lieu de canton.

Les greffiers de justice de paix sont des officiers ministériels, et je dois répéter ici ce que j'ai dit ailleurs avec un peu plus de détails (1).

L'art. 60 du Code de procédure pose la règle générale, applicable aux actions qu'ils ont à intenter pour obtenir le paiement des frais qui leur sont dus par les parties. Il dit : « les demandes formées « pour frais par les officiers ministériels seront portées au tribunal « où les frais ont été faits. »

L'art. 9 du deuxième tarif de 1807 veut qu'il soit donné en tête des assignations *copie du mémoire des frais réclamés*, mais il n'ajoute pas que ce mémoire doit être taxé (dans la pratique il l'est ordinairement), mais cela n'est pas juridiquement nécessaire, car le juge, saisi de la demande, a tout pouvoir pour la vérifier dans l'ensemble et les détails, et pour en retrancher tout ce qui ne lui paraît pas justifié.

Les juges de paix sont donc compétents pour connaître des actions de leurs greffiers en paiement des frais qui leur sont dus, pour tous les actes faits à l'occasion et dans les limites de leur juridiction *contentieuse* ou compétence judiciaire : cela me paraît sans exception (Voy. ci-après à l'*Appendice* les lois de la compétence des juges de paix).

II. En est-il de même pour les frais des actes faits à l'occasion de l'exercice de leur juridiction *gracieuse* ou *officieuse* : c'est-à-dire quand ils agissent non plus comme juges proprement dits, mais plutôt comme officiers publics ?

C'est là que commencent les difficultés.

Prenons comme exemple ceux de ces actes énumérés dans l'art. 16 du tarif.

L'assistance du greffier aux conseils de famille ;

Aux apposition, reconnaissance et levée de scellés ;

Aux actes de notoriété.

Jusqu'à la loi du 21 juin 1845, le juge de paix était intéressé au même titre que le greffier dans la fixation des émoluments attachés à ces actes ; il avait droit, pour les faire, à des vacations identiques pour le nombre à celles du greffier : il est évident qu'il n'y aurait pas eu convenance à lui en attribuer la taxe, non plus que la connaissance des actions à exercer par le greffier.

C'est un des motifs pour lesquels l'art. 1er, § 3, et l'art. 2 du tarif ont chargé le président du tribunal d'opérer cette taxe par lui-même ou par un juge à ce délégué.

Cette compétence entraîne nécessairement celle du tribunal pour statuer sur l'apposition, quand il y a lieu, et, par voie de conséquence ultérieure, les actions que le greffier aurait jugé à propos d'intenter, relativement aux frais de ces actes, devaient être portées devant le même tribunal.

La loi du 21 juin 1845, en supprimant les vacations que le juge

(1) Voir *Nouveau Manuel de la taxe en matière civile*, pag. 408 et suiv.

de paix percevait à leur occasion, lui a-t-elle attribué la juridiction que le tarif lui avait refusée?

La solution affirmative serait bien à désirer pour la commodité de tout le monde et pour l'économie des frais. Dans la deuxième édition du NOUVEAU MANUEL de la taxe, je l'avais adoptée et soutenue avec une certaine assurance. Ma conviction d'alors est bien ébranlée aujourd'hui, et la thèse contraire me paraît la plus juridique et la mieux fondée.

Il est vrai que la loi de 1845 a supprimé un des motifs (l'intérêt personnel du juge de paix) qui avaient suggéré les dispositions des art. 1er, § 3, et 2 du tarif, mais, je l'ai déjà fait remarquer, elle ne les a pas abrogées.

Elle n'a manifesté d'aucune manière l'intention d'attribuer aux juges de paix la compétence que ces articles ont donnée au président du tribunal. Il n'y a pas dans les rapports (1), ni dans les discussions qui ont précédé cette loi, un seul mot d'allusion directe ou indirecte à cet égard.

On objecte, et c'est là ce qui m'avait trop séduit d'abord, que dans la pratique le juge de paix contrôle et taxe les émoluments et débours réclamés par son greffier.

Mais il ne faut pas donner à ce fait une plus grande portée que celle qu'il doit avoir; car l'usage invoqué n'est autre chose que l'application de l'art. 1er de l'ordonnance du 17 juillet 1825. Il dit: «aucuns frais ni émoluments ne pourront être perçus par les greffiers de justice de paix, que sur des états dressés par eux, *qui seront vérifiés et visés par le juge de paix.* »

C'est bien et très-suffisant dès que personne ne réclame, mais cela ne paralyse pas le droit des parties de demander la taxe régulière et légale; à qui doivent-elles s'adresser pour l'obtenir?

On voit que la question d'abrogation du § 3 de l'art. 1er et de l'art. 2 du tarif revient toujours.

Mais les lois ne s'abrogent pas par la suppression de quelques-uns des motifs qui les ont fait adopter à l'origine: *non omnium quæ à majoribus constituta sunt ratio reddi potest* (Digest., lib. 1o, tit. 3, leg. 20).

Et ideo rationes earum quæ constituuntur, inquiri non oportet, alioquin multa ex his quæ certa sunt subvertuntur (eod. leg. 21).

Derogatur legi aut abrogatur: derogatur legi, cum pars detrahitur, abrogatur legi, cum prorsus tollitur (eod. lib. 50, tit. 16, leg. 102).

---

(1) C'est l'honorable M. HAVIN qui était le rapporteur de la loi de 1845 à la Chambre des députés. Personne n'était plus apte et plus spécial que lui dans cette matière. En effet, avant d'entrer dans la carrière politique, qu'il parcourt, depuis bien des années, avec tant d'éclat et d'honorabilité, il avait été, dans une localité importante du département de la Manche, un des juges de paix, du ressort de la Cour de Caen, les plus distingués par son savoir et la pratique des affaires.

Si la loi qu'il rapportait avait dû avoir pour résultat de changer les compétences, en dehors des termes précis de sa rédaction, une telle conséquence ne lui aurait pas échappé, et il en aurait très-certainement parlé.

Qu'on me permette de donner la traduction libre de ces textes qui s'appliquent à titre de raison écrite; *quand il a été dérogé à une partie de la loi, le surplus reste en vigueur. Il ne faut pas trop rechercher les motifs du législateur ancien, autrement bien des règles de droit qui sont certaines seraient annulées.*

Pour abandonner ces généralités et rentrer dans la spécialité de notre hypothèse, ne serait-il pas bizarre de déclarer en vigueur les dispositions du tarif, quand il s'agit de taxer les indemnités de transport dues au juge de paix (1), et de les déclarer abrogées quand il s'agit de taxer celles de son greffier, qui ont la même cause et la même origine, et cela sans que la loi nouvelle se soit plus expliquée sur les unes que sur les autres?

III. Quand le greffier agit comme officier public sans le concours du juge de paix :

1° Lorsque, conformément à l'art. 317 du Cod. de proc., il est chargé, dans les expertises, de la rédaction du rapport des experts;

2° Lorsqu'il procède à des prisées ou ventes de meubles.

Quelle est l'autorité compétente pour procéder à la taxe de ses actes et à la fixation de ses vacations?

Dans le premier cas, c'est le président du tribunal qui a ordonné l'expertise, qui est chargé par l'art. 319 du Cod. de proc. de la taxe des émoluments alloués par l'art. 15 du tarif.

« La minute du rapport, dit-il, sera déposée au greffe du tribu-« nal qui aura ordonné l'expertise, sans nouveau serment de la « part des experts; *leurs vacations seront taxées par le président au « bas de la minute*; il en sera délivré exécutoire contre la partie « qui aura requis l'expertise, ou qui l'aura poursuivie, si elle a « été ordonnée d'office. »

Cette taxe et l'exécution sont susceptibles d'opposition, tant de la part du greffier que de la partie contre laquelle l'exécutoire a été délivré, et, comme toutes les oppositions à taxe, elle est portée devant le tribunal, à la chambre du conseil, et il y est statué dans les formes réglées par le deuxième décret du 16 fév. 1807. Cela n'offre pas de difficulté.

Il en est de même dans le second cas. C'est l'art. 657 du même Code qui contient la règle générale. Le montant de la vente doit être remis au propriétaire ou à ses créanciers, s'ils s'entendent pour le partager, ou consigné, « déduction faite des frais, dit l'article, « d'après la taxe qui en aura été faite par le juge sur la minute « du procès-verbal» (*Voy. l'art. 42 du Tarif*).

Cette règle doit s'appliquer, par analogie directe, aux prisées comme aux ventes, et enfin à tous les actes dans lesquels le greffier agit seul et comme officier public. Le règlement des opposi-

(1) Voy. plus haut le § 1, n° II, de ce chapitre, où il est démontré que c'est le président du tribunal qui doit taxer l'indemnité due au juge de paix pour transport à plus de 5 kilomètres de son canton.

tions à l'exécutoire, quand il y a lieu, doit aussi se faire d'après les mêmes principes.

§ 3.

De l'action des huissiers, des juges, des juges de paix contre leurs clients. — De la taxe de leurs actes.

Il ne me paraît pas douteux que conformément au principe posé par l'article 60 du Code de procédure, l'action des huissiers contre leurs clients, pour tous les actes de la juridiction contentieuse et gracieuse des juges de paix, doit être portée devant celui de leur canton, quel que soit le domicile de ceux contre lesquels ils agissent, et à quelque taux que leurs frais puissent se monter.

C'est de lui seul qu'ils relèvent pour la surveillance et la taxe de ces actes. Je n'admets d'exception que pour l'acte de récusation du juge de paix, qui est, comme on l'a vu plus haut, de la compétence des huissiers ordinaires, qu'il ait été fait par l'huissier de la justice de paix ou par tout autre huissier de l'arrondissement.

Les huissiers et les parties peuvent faire opposition à la taxe, quand elle est suivie d'un exécutoire, mais cette opposition doit être portée devant le juge de paix même qui l'a délivré. Sa décision définitive n'est susceptible d'appel que dans les cas déterminés par l'art. 6 du deuxième décret du 16 fév. 1807.

§ 4.

De l'action des huissiers des conseils de prud'hommes. — De la taxe de leurs actes devant cette juridiction.

Ce qui vient d'être dit pour les huissiers des justices de paix doit s'appliquer en principe, et par analogie, aux huissiers des conseils de prud'hommes.

C'est aux présidents de ces conseils qu'appartient la taxe des actes faits devant cette juridiction.

Les oppositions à taxe doivent être portées devant le conseil, qui y statue, sauf l'appel devant le tribunal de commerce, dans le cas où il est autorisé par l'art. 6 du deuxième tarif de 1807.

§ 5.

De l'action des huissiers ordinaires contre leurs clients, et de la taxe de leurs actes.

C'est surtout pour les huissiers ordinaires que l'application de l'article 60 du Code de procédure n'admet aucune objection.

C'est donc devant le tribunal de l'arrondissement où ils exercent leurs fonctions et où les frais ont été faits qu'ils doivent porter leurs actions contre leurs clients, quel que soit le domicile de ceux-ci, et quelle que soit la somme à laquelle leur demande s'élève, lors même qu'ils auraient cessé leurs fonctions (*art. 14 du décret du 29 janvier-26 mars* 1791).

Cette juridiction, nécessitée par la nature des choses, est obligée; aucune autre n'est facultative (*arrêt de la Cour de Rouen, 4 mai* 1863 ; Sirey, 1864.2.13).

Mais il n'en serait pas ainsi si une obligation de la partie était intervenue pour le règlement des frais et qu'ils ne fussent pas contestés. C'est devant le tribunal de son domicile qu'il faudrait l'ajourner ou même devant le juge de paix si la valeur du litige rentrait dans sa compétence.

Les demandes sont portées à l'audience sans qu'il soit besoin de recourir au préliminaire de conciliation (*art.* 9, § 1er du 2e *Tarif de* 1807).

Il doit être donné, en tête de l'assignation, copie du mémoire des frais réclamés. Il est ordinairement taxé par le président ou par un juge du tribunal ; mais cette formalité n'est pas indispensable, ni l'art. 65 du Cod. de proc., ni l'art. 9 du deuxième tarif ne l'exigent ; d'ailleurs, elle ne lierait pas le tribunal dans ses appréciations ; l'huissier pourrait reproduire les articles rejetés ou réduits par la taxe, et la partie pourrait demander le rejet ou la réduction de ceux qu'elle aurait admis, sans qu'aucune opposition à la taxe soit nécessaire (*arrêt de Bordeaux,* 11 *août* 1849, *Journ. des arrêts de cette Cour,* 1849, *pag.* 437).

Si l'huissier avait omis de donner copie de son mémoire de frais en tête de l'assignation, il n'y aurait pas pour cela nullité de sa demande, parce que l'art. 9 du deuxième tarif de 1807 ne la prononce pas, non plus que l'art. 65 du Code de procédure ; seulement les frais de cette production tardive resteraient, sans recours, à la charge de l'huissier.

Ce point a été jugé bien des fois (*arrêts de Bordeaux,* 28 *nov.* 1840, *Journ. des arrêts de cette Cour,* 1840, *pag.* 571 ; *de Caen,* 31 *mai* 1863 ; Sirey, 1864.2.13).

Je crois que le tribunal doit statuer comme en matière sommaire; c'est du moins ce que j'ai essayé de démontrer dans le Nouveau Manuel de la taxe, 2e édition, p. 411, *note* 1.

Mais il y a une raison de fait qui ôte à la question presque tout son intérêt, c'est que le plus souvent les demandes de cette espèce ne dépassent pas les limites du dernier ressort, et qu'à ce titre elles sont sommaires de leur nature. Cette question est d'ailleurs étrangère au sujet restreint qui fait l'objet de ce livre.

Je dois dire, avant de finir, un mot sur une autre question qui m'a été proposée.

Lorsque, comme c'est le cas ordinaire, il ne s'élève entre l'huissier et son client d'autre difficulté pour le paiement, que celle de la taxe à attribuer aux actes dont le coût est réclamé, que faut-il faire?

La réponse est facile : il faut les faire taxer par le président du tribunal ou par le juge qu'il a délégué, et, à cet effet, déposer aux mains du greffier le mémoire des frais avec les pièces à taxer.

Parfait: — Mais si la taxe effectuée ne convient pas à l'huissier ou à son client? peut-on la frapper simplement d'opposition et saisir par une citation le tribunal à la chambre du conseil?

Je reconnais volontiers qu'il serait plus expéditif et moins coûteux d'en agir ainsi; mais j'aurais beaucoup de scrupule sur la légalité et la régularité de cette procédure.

Si je consulte, en effet, les art. 6 et 9, § 1er, du 2e tarif de 1807, j'y lis que les oppositions sont autorisées contre les exécutoires délivrés, en matière ordinaire, sur les états taxés, et contre les jugements qui contiennent la liquidation des dépens, en matière sommaire.

Or c'est un principe général qu'il ne peut être délivré d'exécutoire sur une taxe de frais sollicités par un officier ministériel contre son client; il doit recourir à la voie ordinaire de l'action et obtenir un jugement de condamnation.

Je doute fort qu'on puisse appliquer par analogie l'opposition aux simples taxes des frais et dépens, quand il n'a encore été prononcé aucune condamnation pour les mettre à la charge de l'une ou de l'autre des parties.

Il faut donc, dans l'hypothèse qui nous occupe, saisir le tribunal de la contestation, par les voies ordinaires; une fois devant lui, la partie et l'huissier pourront débattre tous les articles du mémoire, comme si la taxe n'avait pas eu lieu; car n'ayant pas été acceptée, elle n'aura produit aucun effet juridique.

Je n'ai pas à parler ici du recouvrement des frais dus aux huissiers, quand ils sont compris dans les états des avoués, ni des exécutoires, ni de l'opposition qui peut y être faite, ni de la distraction des dépens : tout cela dépasserait le cadre dans lequel je me suis proposé de me renfermer. Mais au besoin je renvoie au NOUVEAU MANUEL de la taxe, p. 408 et suiv., où j'ai examiné et traité, en détail, ce qui se rapporte à ces matières.

APPENDICE

Où l'on trouve, dans leur ensemble, quelques lois, décrets et ordonnances dont il n'a été donné que des extraits ou analyses au cours de ce livre.

---

§ 1.

I. — Ordonnance royale portant règlement sur les frais et émoluments à percevoir par les greffiers de justice de paix.

(17 juillet 1825.)

ART. 1er. Aucuns frais ni émoluments ne pourront être perçus par les greffiers de justice de paix, que sur des états dressés par eux, qui seront *vérifiés* et *visés* par le juge de paix.

Ces états seront écrits au bas de l'expédition délivrée par le greffier.

A défaut d'expédition, il sera fait un état séparé.

2. Les greffiers de justice de paix tiendront un registre, sur lequel ils inscriront, par ordre de date et sans aucun blanc, toutes les sommes qu'ils recevront pour les actes de leur ministère.

Les déboursés et les émoluments seront ensuite dans des colonnes séparées.

3. Le registre mentionné en l'article précédent sera coté et paraphé par le juge de paix.

Il sera tenu sous la surveillance de ce magistrat qui, à chaque trimestre, et plus souvent s'il le juge convenable, le vérifiera, l'arrêtera et en dressera un procès-verbal dans lequel il consignera ses observations.

Ce procès-verbal sera envoyé à notre procureur près le tribunal de première instance, qui en rendra compte au procureur général près la Cour royale.

4. Pourront nos procureurs, quand ils l'auront reconnu nécessaire, procéder eux-mêmes, ou leurs substituts, à la vérification prescrite par l'article 3.

5. En cas d'infraction aux règles prescrites par la présente ordonnance, il sera fait rapport à notre garde des sceaux, pour être pris, à l'égard des contrevenants, telle mesure qu'il appartiendra.

6. Si les greffiers ou leurs commis reçoivent, sous quelque prétexte que ce soit, d'autres ou plus forts droits que ceux qui leur sont attribués par les

lois et les règlements, il est enjoint aux juges de paix d'en informer nos procureurs. Il en sera pareillement fait rapport à notre garde des sceaux.

Les contrevenants seront, selon la gravité des circonstances, destitués de leur emploi, traduits devant la police correctionnelle pour être condamnés aux amendes déterminées par les lois, ou poursuivis extraordinairement, en vertu de l'art. 164 C. pén., sans préjudice, dans tous les cas, de la restitution des sommes indûment perçues, et des dommages et intérêts, quand il y aura lieu.

II — Nomenclature des pièces à produire par les candidats aux greffes de justice de paix, qui sont rigoureusement exigées par la chancellerie.

1° Acte de naissance. (Sur papier timbré.) (L'âge exigé est 25 ans, sans qu'il puisse être concédé de dispense.)

A défaut d'acte de naissance, un jugement rendu dans les formes prescrites par l'art. 99, C. Nap., inscrit sur les registres de l'état civil;

2° Certificat de libération du service militaire:

3° Certificat constatant que le candidat est de bonnes vie et mœurs. (Délivré sur timbre par le maire);

4° Pièces constatant que le candidat s'est préparé par un temps suffisant d'études et travaux préparatoires aux fonctions qu'il sollicite : c'est-à dire par trois années de cléricature chez un notaire, un avoué ou un huissier.

Le 27 septembre 1864 et 14 juillet 1830, le Gouvernement a invité les procureurs du roi à faire subir un examen sur les matières qu'ils doivent connaître pour remplir leurs fonctions à des candidats qui ne justifiaient pas d'un stage suffisant;

6° Certificat de capacité et de moralité. — Il n'est pas toutefois indispensable, le greffier ne relevant, au point de vue disciplinaire, que du ministère public et du Gouvernement;

7° Avis personnel et par écrit du juge de paix. Le juge de paix doit également attester, par écrit, que le candidat n'est ni son parent ni son allié, ni celui de ses suppléants;

8° Démission du titulaire et présentation du candidat;

9° Deux exemplaires du traité de cession;

10° Un état des produits de l'office pendant les cinq dernières années — (certifié par le juge de paix);

11° Présentation et demande du candidat à l'Empereur.

Dans le cas de décès du titulaire, s'il n'a laissé que des héritiers majeurs, ceux-ci agissant au traité comme le titulaire : ils signeront l'acte de présentation.

Plus : 1° Acte de décès du titulaire;

2° Extrait de l'intitulé d'inventaire fait après le décès.

Dans le cas de révocation du titulaire :

Evaluation par le tribunal de la valeur de l'office.

Le prix fixé, les candidats sont invités à se présenter.

En résumé, les pièces ci-dessus nos 1, 2, 3, 4, 5, 6, 7 et 11, plus :

1° Expédition du décret de révocation;

2° Expédition de la délibération du tribunal qui fixe la valeur de l'office;

3° Engagement formel par écrit et sur timbre, de verser à qui et quand il sera ordonné, l'indemnité représentative du prix.

III. — Loi du 25 mai 1838 sur la compétence des juges de paix.

ART. 1er. Les juges de paix connaissent de toutes actions purement personnelles ou mobilières, en dernier ressort, jusqu'à la valeur de 100 fr., et, à charge d'appel, jusqu'à la valeur de 200 fr.

2. Les juges de paix prononcent, sans appel, jusqu'à la valeur de 100 fr., et, à charge d'appel, jusqu'au taux de la compétence en dernier ressort des tribunaux de première instance :

Sur les contestations entre hôteliers, aubergistes ou logeurs, et les voyageurs ou locataires en garni, pour dépenses d'hôtellerie et perte ou avarie d'effets déposés dans l'auberge ou dans l'hôtel ;

Entre les voyageurs et les voituriers ou bateliers, pour retards, frais de route et pertes ou avaries d'effets accompagnant les voyageurs ;

Entre les voyageurs et les carrossiers, ou autres ouvriers pour fournitures, salaires et réparations faites aux voitures de voyage.

3. (*Modifié et remplacé par la loi du 2-5 mai 1855, ainsi conçue*) : « Les juges de paix connaissent, sans appel, jusqu'à la valeur de 100 fr., et, à charge d'appel, à quelque valeur que la somme puisse s'élever :

« Des actions en paiement de loyers ou fermages, des congés, des demandes en résiliation de baux, fondées sur le seul défaut de paiement des loyers ou fermages, des expulsions de lieux et des demandes en validité de saisie-gagerie ; le tout lorsque les locations verbales ou par écrit n'excèdent pas annuellement 400 fr.

« Si le prix principal du bail consiste en denrées ou prestations en nature, appréciables d'après les mercuriales, l'évaluation sera faite sur celles du jour de l'échéance, lorsqu'il s'agira du paiement des fermages ; dans tous les autres cas, elle aura lieu suivant les mercuriales du mois qui aura précédé la demande.

« Si le prix principal du bail consiste en prestations non appréciables, d'après les mercuriales, ou s'il s'agit de baux à colons partiaires, le juge de paix déterminera la compétence, en prenant pour base du revenu de la propriété le principal de la contribution foncière de l'année courante, multiplié par cinq. »

4. Les juges de paix connaissent, sans appel, jusqu'à la valeur de 100 fr., et, à charge d'appel, jusqu'au taux de la compétence en dernier ressort des tribunaux de première instance :

1° Des indemnités réclamées par le locataire ou fermier pour non-jouissance provenant du fait du propriétaire, lorsque le droit à une indemnité n'est pas contesté ;

2° Des dégradations et pertes, dans les cas prévus par les articles 1732 et 1735, C. civ.

Néanmoins le juge de paix ne connaît des pertes, causées par incendie ou inondation, que dans les limites posées par l'art. 1er de la présente loi.

5. Les juges de paix connaissent également, sans appel, jusqu'à la valeur de 100 fr., et, à charge d'appel, à quelque valeur que la demande puisse s'élever :

1° Des actions pour dommages faits aux champs, fruits et récoltes, soit par l'homme, soit par les animaux, et de celles relatives à l'élagage des arbres ou haies, et au curage, soit des fossés, soit des canaux servant à l'irrigation des propriétés ou au mouvement des usines, lorsque les droits de propriété ou de servitude ne sont pas contestés ;

2° Des réparations locatives des maisons ou fermes, mises par la loi à la charge du locataire ;

3° Des contestations relatives aux engagements respectifs des gens de travail, au jour, au mois et à l'année, et de ceux qui les emploient; des maîtres et des domestiques ou gens de service à gages; des maîtres et de leurs ouvriers ou apprentis, sans néanmoins qu'il soit dérogé aux lois et règlements relatifs à la juridiction des prud'hommes;

4° Des contestations relatives au paiement des nourrices, sauf ce qui est prescrit par les lois et règlements d'administration publique à l'égard des bureaux de nourrices de la ville de Paris et de toutes les autres villes;

5° Des actions civiles pour diffamation verbale, et pour injures publiques ou non publiques, verbales ou par écrit, autrement que par la voie de la presse; des mêmes actions pour rixes ou voies de fait; le tout lorsque les parties ne se sont pas pourvues par la voie criminelle.

6. Les juges de paix connaissent en outre, à la charge d'appel :

1° Des entreprises commises, dans l'année, sur les cours d'eau servant à l'irrigation des propriétés et au mouvement des usines et moulins, sans préjudice des attributions de l'autorité administrative, dans les cas déterminés par les lois et par les règlements; des dénonciations de nouvel œuvre, complaintes, actions en réintegrande et autres actions possessoires fondées sur des faits également commis dans l'année;

2° Des actions en bornage et de celles relatives à la distance prescrite par la loi, les règlements particuliers et l'usage des lieux, pour les plantations d'arbres ou de haies, lorsque la propriété ou les titres qui l'établissent ne sont pas contestés;

3° Des actions relatives aux constructions et travaux énoncés dans l'art. 676 C. civ., lorsque la propriété ou la mitoyenneté du mur ne sont pas contestées;

4° Des demandes en pension alimentaire n'excédant pas 150 fr. par an, et seulement lorsqu'elles seront formées en vertu des art. 205, 206 et 208, C. civil.

7. Les juges de paix connaissent de toutes les demandes reconventionnelles ou en compensation qui, par leur nature ou leur valeur, sont dans les limites de leur compétence, alors même que, dans les cas prévus par l'art. 1er, ces demandes, réunies à la demande principale, s'élèveraient au-dessus de 200 fr. Ils connaissent, en outre, à quelques sommes qu'elles puissent monter, des demandes reconventionnelles en dommages et intérêts fondées exclusivement sur la demande principale elle-même.

8. Lorsque chacune des demandes principales, reconventionnelles ou en compensation, sera dans les limites de la compétence du juge de paix, en dernier ressort, il prononcera sans qu'il y ait lieu a appel.

Si l'une des demandes n'est susceptible d'être jugée qu'à charge d'appel, le juge de paix ne prononcera sur toutes qu'en premier ressort.

Si la demande reconventionnelle ou en compensation excede les limites de sa compétence, il pourra, soit retenir le jugement de la demande principale, soit renvoyer, sur le tout, les parties à se pourvoir devant le tribunal de première instance, sans préliminaire de conciliation.

9. Lorsque plusieurs demandes formées par la même partie seront réunies dans une même instance, le juge de paix ne prononcera qu'en premier ressort, si leur valeur totale s'élève au-dessus de 100 fr., lors même que quelqu'une de ces demandes serait inférieure à cette somme. Il sera incompétent sur le tout si ces demandes excèdent, par leur réunion, les limites de sa juridiction.

10. Dans les cas où la saisie-gagerie ne peut avoir lieu qu'en vertu de permission de justice, cette permission sera accordée par le juge de paix du lieu où la saisie devra être faite, toutes les fois que les causes rentreront dans sa compétence.

S'il y a opposition de la part des tiers, pour des causes ou pour des sommes qui, réunies, excéderaient cette compétence, le jugement en sera déféré aux tribunaux de première instance.

11. L'exécution provisoire des jugements sera ordonnée dans tous les cas où il y a titre authentique, promesse reconnue ou condamnation précédente dont il n'y a point eu appel.

Dans tous les autres cas, le juge pourra ordonner l'exécution provisoire, nonobstant appel, sans caution, lorsqu'il s'agira de pension alimentaire, ou lorsque la somme n'excédera pas 300 fr., et avec caution, au-dessus de cette somme.

La caution sera reçue par le juge de paix.

12. S'il y a péril en la demeure, l'exécution provisoire pourra être ordonnée sur la minute du jugement avec ou sans caution, conformément aux dispositions de l'article précédent.

13. L'appel des jugements des juges de paix ne sera recevable ni avant les trois jours qui suivront celui de la prononciation des jugements, à moins qu'il n'y eût lieu à l'exécution provisoire, ni après les trente jours qui suivront la signification à l'égard des personnes domiciliées dans le canton.

Les personnes domiciliées hors du canton auront, pour interjeter appel, outre le délai de trente jours, le délai réglé par les art. 73 et 1033, C. proc. civ.

Ne sera pas recevable l'appel des jugements mal à propos qualifiés en premier ressort, ou qui, étant en dernier ressort, n'auraient point été qualifiés.

Seront sujets à l'appel les jugements qualifiés en dernier ressort, s'ils ont statué, soit sur des questions de compétence, soit sur des matières dont le juge de paix ne pouvait connaître qu'en premier ressort.

Néanmoins, si le juge de paix s'est déclaré compétent, l'appel ne pourra être interjeté qu'après le jugement définitif.

15. Les jugements rendus par les juges de paix ne pourront être attaqués par la voie du recours en cassation que pour excès de pouvoir.

16. Tous les huissiers d'un même canton auront le droit de donner toutes les citations et de faire tous les actes devant la justice de paix. Dans les villes où il y a plusieurs justices de paix, les huissiers exploitent concurremment dans le ressort de la juridiction assignée à leur résidence. Tous les huissiers du même canton seront tenus de faire le service des audiences, et d'assister le juge de paix toutes les fois qu'ils en seront requis. Les juges de paix choisiront leurs huissiers audienciers.

17 (1). *Dans toutes les causes, excepté celles où il y aurait péril dans la demeure, et celles dans lesquelles le défendeur serait domicilié hors du canton ou des cantons de la même ville, le juge de paix pourra interdire aux huissiers de sa résidence de donner aucune citation en justice, sans qu'au préalable il ait appelé, sans frais, les parties devant lui.*

---

(1) L'art. 17 a été modifié par l'art. 2 de la loi du 2-5 mai 1855, ainsi qu'il suit :

« Art. 17. Dans toutes les causes, excepté celles qui requièrent célérité et celles dans lesquelles le défendeur serait domicilié hors du canton ou des cantons de la même ville, il est interdit aux huissiers de donner aucune citation en justice sans que, au préalable, le juge de paix ait appelé les parties devant lui, au moyen d'un avertissement sur papier non timbré, rédigé et délivré par le greffier, au nom et sous la surveillance du juge de paix, et expédié par la poste, sous bande simple, scellée du sceau de la justice de paix, avec affranchissement.

« A cet effet, il sera tenu par le greffier un registre sur papier non timbré constatant l'envoi et le résultat des avertisse-

18. Dans les causes portées devant la justice de paix, aucun huissier ne pourra ni assister comme conseil, ni représenter les parties en qualité de procureur fondé, à peine d'une amende de 25 à 50 fr., qui sera prononcée sans appel par le juge de paix.

Ces dispositions ne seront pas applicables aux huissiers qui se trouveront dans l'un des cas prévus par l'art. 86 C. proc. civ.

19. En cas d'infraction aux dispositions des art. 16, 17 et 18, le juge de paix pourra défendre aux huissiers du canton de citer devant lui, pendant un délai de quinze jours à trois mois, sans appel et sans préjudice de l'action disciplinaire des tribunaux et des dommages et intérêts, s'il y a lieu.

20. Les actions concernant les brevets d'invention seront portées, s'il s'agit de nullité ou de déchéance des brevets, devant les tribunaux civils de première instance; s'il s'agit de contrefaçon, devant les tribunaux correctionnels.

21. Toutes les dispositions des lois antérieures contraires à la présente loi sont abrogées.

22. Les dispositions de la présente loi ne s'appliquent pas aux demandes introduites avant sa promulgation.

§ 2.

Décret du 14 juin 1813 portant règlement sur l'organisation et le service des huissiers.

TITRE PREMIER.

DE LA NOMINATION, DU NOMBRE ET DE LA RÉSIDENCE DES HUISSIERS.

§ 1er. — *De la nomination et du nombre des huissiers.*

Art. 1er. Les huissiers institués pour le service de nos Cours impériales, et pour tous nos tribunaux, seront nommés par nous.

2. Ils auront tous le même caractère, les mêmes attributions, et le droit d'exploiter concurremment dans l'étendue du ressort du tribunal civil d'arrondissement de leur résidence.

Néanmoins nos Cours et tribunaux choisiront parmi ces huissiers, conformément au titre V de notre décret du 30 mars 1808, ceux qu'ils jugeront les plus dignes de leur confiance, pour le service intérieur de leurs audiences (1).

---

ments. Ce registre sera coté et paraphé par le juge de paix. Le greffier recevra, pour tout droit et par chaque avertissement, une rétribution de 25 c., y compris l'affranchissement qui sera, dans tous les cas, de 10 cent.

« S'il y a conciliation, le juge de paix, sur la demande de l'une des parties, peut dresser procès-verbal des conditions de l'arrangement. Ce procès-verbal aura force d'obligation privée.

« Dans les cas qui requièrent célérité, il ne sera remis de citation non précédée d'avertissement qu'en vertu d'une permission donnée sans frais par le juge de paix sur l'original de l'exploit.

« En cas d'infraction aux dispositions ci-dessus de la part de l'huissier, il supportera sans répétition les frais de l'exploit. »

(1) Décret *du* 30 *mars* 1808, *contenant règlement pour la police et la discipline des Cours et tribunaux.*

TITRE V. — *Des huissiers.*

Art. 91. Nos tribunaux de première instance désigneront, pour le service intérieur,

3. Les huissiers ainsi désignés par nos Cours et tribunaux continueront de porter le titre d'*huissiers audienciers*; ils auront, pour ce service particulier, une indemnité qui sera réglée par les articles 93, 94, 95, 96 et 103 ci-après.

4. Le tableau des huissiers audienciers sera renouvelé au mois de novembre de chaque année ; tous les membres en exercice seront rééligibles ; ceux qui n'auront pas été réélus rentreront dans les classes des huissiers ordinaires.

5. Les huissiers qui seront en activité lors de la publication du présent décret continueront provisoirement l'exercice de leurs fonctions, mais ne seront maintenus qu'après avoir obtenu de nous une commission confirmative.—A cet effet, ils remettront, dans les trois mois de ladite publication, tous titres et pièces concernant leurs précedentes nominations et réceptions, au greffe du tribunal de premiere instance de leur résidence. — Ils y joindront leur demande en commission confirmative, et le greffier leur donnera récépissé du tout.—Notre procureur près le tribunal de première instance enverra cette demande avec l'avis du tribunal à notre procureur général, qui prendra l'avis de la Cour impériale, et adressera le tout à notre grand juge ministre de la justice.

6. Lorsque la liste des huissiers auxquels nous aurons accordé la commission confirmative aura été renvoyée par notre grand juge à notre procureur général, ceux qui ne se trouveront pas sur la liste seront tenus de cesser leurs fonctions a compter du jour où la notification leur en aura été faite à la diligence du ministere public. Cette même liste sera de plus affichée dans la salle d'audience et au greffe de la Cour ou du tribunal.

7. Chacun des huissiers qui auront obtenu la commission confirmative prêtera, dans les deux mois, a compter du jour où la liste aura été affichée, et ce, à l'audience de ladite Cour ou dudit tribunal, le serment de fidelité a l'Empereur et d'obéissance aux constitutions de l'Empire, ainsi que celui de se conformer aux lois et reglements concernant son ministère, et de remplir ses fonctions avec exactitude et probité.

8. Notre grand juge ministre de la justice, après avoir pris l'avis de nos Cours, et les observations de nos procureurs généraux, nous proposera la fixation définitive du nombre des huissiers qu'il doit y avoir dans le ressort de chaque tribunal civil d'arrondissement.

9. Si le nombre des huissiers maintenus d'après l'article 6 excède celui qui sera définitivement fixé par nous en exécution du précédent article, la réduction à ce dernier nombre ne s'opérera que par mort, démission ou destitution.

---

ceux de leurs huissiers qu'ils jugeront les plus dignes de leur confiance.

95. Les huissiers audienciers de nos Cours et tribunaux de premiere instance feront tour à tour le service interieur, tant aux audiences qu'aux assemblees générales ou particulieres, aux enquêtes et autres commissions.

96 Les huissiers qui seront de service se rendront au lieu des séances une heure avant l'ouverture de l'audience ; ils prendront au greffe l'extrait des causes qu'ils doivent appeler. — Ils veilleront à ce que personne ne s'introduise à la chambre du conseil sans s'être fait annoncer, à l'exception des membres de la Cour ou du tribunal. — Ils maintiendront, sous les ordres des presidents, la police des audiences.

97. Les huissiers audienciers auront, pres la Cour ou le tribunal, une chambre ou un banc où se deposeront les actes et pieces qui se notifieront d'avoué à avoué.

98. Les émoluments des appels des causes et des significations d'avoué à avoué se partageront également entre eux

99 Les huissiers designés par le premier président de la Cour ou par le président du tribunal de premiere instance, assisteront aux cérémonies publiques et marcheront en avant des membres de la Cour ou du tribunal.

10. A l'égard de ceux qui aspireront, à l'avenir, aux places d'huissiers ordinaires, les conditions requises seront,—1° D'être âgé de vingt-cinq ans accomplis ;—2° D'avoir satisfait aux lois de la conscription militaire ; — 3° D'avoir travaillé, au moins pendant deux ans, soit dans l'étude d'un notaire ou d'un avoué, soit chez un huissier, ou pendant trois ans au greffe d'une Cour royale ou d'un tribunal de première instance ; — 4° D'avoir obtenu de la chambre de discipline, dont il sera parlé ci-après, un certificat de moralité, de bonne conduite et de capacité.—Si la chambre accorde trop légèrement ou refuse sans motif valable ce certificat, il y aura recours au tribunal de premiere instance, savoir : dans le premier cas, par le procureur impérial, et dans le second, par la partie intéressée. — En conséquence, le tribunal, après avoir pris connaissance des motifs d'admission ou de refus de la chambre, ainsi que des moyens de justification de l'aspirant, et apres avoir entendu notre procureur impérial, pourra refuser ou accorder lui-même le certificat, par une délibération dont copie sera jointe à l'acte de présentation du candidat.

11. Ceux qui seront nommés huissiers, se présenteront, dans le mois qui suivra la notification à eux faite du décret de leur nomination, à l'audience publique du tribunal de première instance, et y prêteront le serment prescrit par l'art. 7 (1).

12. Ces huissiers ne pourront faire aucun acte de leur ministère avant d'avoir prêté ledit serment, et ils ne seront admis a le prêter que sur la représentation de la quittance du cautionnement fixé par la loi.

13. Ceux qui n'auront point prêté le serment dans le delai ci-dessus fixé, demeureront déchus de leur nomination, à moins qu'ils ne prouvent que le retard ne leur est point imputable ; auquel cas, le tribunal pourra déclarer

(1) *Pièces à produire par les aspirants aux fonctions d'huissier, suivant les exigences actuelles de la chancellerie.*

1° Acte de naissance (extrait signé par le maire ou par le greffier, si l'extrait est délivré au greffe, et dressé sur papier timbré) ;

2° Certificat de libération du service militaire ;

3° Certificat constatant que le candidat est de bonnes vie et mœurs. — Certificat constatant qu'il jouit de ses droits civils, civiques et politiques ;

4° Certificat de stage. L'aspirant doit justifier qu'il a travaille pendant deux annees, soit dans l'étude d'un notaire ou d'un avoué, soit chez un huissier, ou pendant trois ans au greffe d'une Cour d'appel ou d'un tribunal de premiere instance, et ce au moyen d'un certificat délivré sur timbre par les titulaires des offices où il a travaille (decret du 14 juin 1813) ;

5° Certificat de capacité et de moralité. Ce certificat sera delivré par la chambre de discipline ; si elle refuse, il pourra être delivré par le tribunal ;

6° Certificat d'admission délivré par le tribunal ;

7° Démission du titulaire et présentation du candidat (simple déclaration écrite sur timbre et portant la signature légalisée du titulaire) ;

8° Deux exemplaires du traité de cession ;

9° Un état des produits de l'office pendant les cinq dernières années;

10° Présentation et demande du candidat à l'Empereur.

Cession au cas de décès du titulaire.

L'aspirant produira toutes les pieces ci-dessus enoncees, sauf la démission Les héritiers signeront l'acte de présentation. Il joindra aux pièces :

1° Une copie de l'acte de décès ;

2° Un extrait de l'intitulé d'inventaire fait après le déces, afin d'établir les qualites des cédants.

Cession au cas de révocation du titulaire

Toutes les pieces ci-dessus énoncées sous les nos 1, 2, 3, 4, 5, 6 et 10, plus :

1° Une expédition de la décision qui prononce la révocation ;

2° Une expédition de la délibération du tribunal qui fixe la valeur de l'office ;

3° Un engagement formel par écrit et sur timbre, de verser à qui et quand il sera ordonné, l'indemnité représentative.

qu'ils sont relevés de la déchéance par eux encourue, et les admettra au serment.

14. La précédente disposition est applicable aux huissiers dont il est parlé en l'art. 5, relativement au délai fixé par l'art. 7.

§ 2. — *De la résidence des huissiers.*

15. Les huissiers audienciers seront tenus, à peine d'être remplacés, de résider dans les villes où siégent les Cours et tribunaux près desquels ils devront faire respectivement leur service.

16. Les huissiers ordinaires seront tenus, sous la même peine, de garder la résidence qui leur aura été assignée par le tribunal de première instance.

17. La résidence des huissiers ordinaires sera, autant que faire se pourra, fixée dans les chefs-lieux de canton.

18. Si des circonstances de localité ne permettent point l'établissement d'un huissier ordinaire au chef-lieu du canton, le tribunal de première instance le fixera dans l'une des communes les plus rapprochées du chef-lieu.

19. Dans les communes divisées en deux arrondissements de justice de paix ou plus, chaque huissier ordinaire sera tenu de fixer sa demeure dans le quartier que le tribunal de première instance jugera convenable de lui indiquer à cet effet.

TITRE II.

DES ATTRIBUTIONS DES HUISSIERS, ET DE LEURS DEVOIRS.

CHAPITRE Ier.

ATTRIBUTIONS DES HUISSIERS.

§ 1er. — *Service personnel près les Cours impériales et près les divers tribunaux.*

20. Les huissiers audienciers sont maintenus dans le droit que leur donne et l'obligation que leur impose notre décret du 30 mars 1808, de faire exclusivement, près les Cours et tribunaux respectifs, le service personnel aux audiences, aux assemblées générales ou particulières, aux enquêtes, interrogatoires et autres commissions, ainsi qu'au parquet. — Pourront néanmoins nos Cours et tribunaux commettre accidentellement des huissiers ordinaires, à défaut ou en cas d'insuffisance des huissiers audienciers.

21. Le service personnel d'huissiers près les Cours d'assises sera fait, savoir : dans les villes où siégent nos Cours impériales, par des huissiers audienciers de la Cour impériale ; et partout ailleurs, par des huissiers audienciers du tribunal de première instance du lieu où se tiendront les séances de la Cour d'assises.—L'art. 118 de notre décret du 6 juill. 1810, relatif au mode de désignation des huissiers qui doivent faire le service près les Cours d'assises des départements autres que celui où siége la Cour impériale, continuera de recevoir son exécution (1).

22. Les huissiers qui seront désignés pour faire le service personnel près

(1) DÉCRET *du 6 juillet 1810, contenant règlement sur l'organisation et le service des Cours impériales et des Cours d'assises.*

TITRE IV. — § 2. *Des huissiers.*

ART. 116 Dans les lieux où il y a une Cour d'appel et une Cour de justice criminelle, les huissiers immatriculés dans l'une ou l'autre des Cours seront exclusivement chargés : 1° du service personnel près la Cour impériale ; 2° des significations d'avoué à avoué près la même Cour ; 3° des exploits en matière criminelle

les Cours d'assises, ne pourront, pendant la durée des sessions criminelles, sortir du canton de leur résidence, sans un ordre exprès du procureur général ou du procureur impérial criminel.

23. Il sera fait, par nos Cours et tribunaux, des règlements particuliers sur l'ordre du service de leurs huissiers audienciers, en se conformant aux dispositions du présent titre et à celles du titre V de notre décret du 30 mars 1808.—Les règlements que feront sur cet objet les tribunaux de première instance ou de commerce et les tribunanx ordinaires des douanes, seront soumis à l'approbation des Cours auxquelles ces tribunaux ressortissent.

§ 2. — *Droit d'exploiter, etc.*

24. Toutes citations, notifications et significations requises pour l'instruction des procès, ainsi que tous actes et exploits nécessaires pour l'exécution des ordonnances de justice, jugements et arrêts, seront faits concurremment par les huissiers audienciers et les huissiers ordinaires, chacun dans l'étendue du ressort du tribunal civil de première instance de sa résidence, sauf les restrictions portées par les articles suivants.

25. Les huissiers audienciers de notre Cour de cassation continueront, dans l'étendue du lieu de la résidence de cette Cour, d'instrumenter exclusivement à tous autres huissiers pour les affaires portées devant elle.

26. Les huissiers audienciers de nos Cours impériales et ceux de nos tribunaux de première instance feront exclusivement, près leurs Cours et tribunaux respectifs, les significations d'avoué à avoué.

28. Tous exploits et actes du ministère d'huissier près les justices de paix et les tribunaux de police seront faits par les huissiers ordinaires employés au service des audiences. — A défaut ou en cas d'insuffisance des huissiers ordinaires du ressort, lesdits exploits et actes seront faits par les huissiers ordinaires de l'un des cantons les plus voisins.

29. Défenses itératives sont faites à tous huissiers, sans distinction, d'instrumenter en matière criminelle ou correctionnelle hors du canton de leur résidence, sans un mandement exprès délivré conformément à l'article 84 de notre décret du 18 juin 1811.

30. Nos procureurs près les tribunaux de première instance et les juges d'instruction ne pourront délivrer de pareils mandements que pour l'étendue du ressort du tribunal de première instance.

31. Nos procureurs impériaux criminels pourront ordonner le transport d'un huissier dans toute l'étendue du département.

Ils pourront instrumenter, en matière civile, concurremment avec les huissiers du tribunal de première instance, et dans l'étendue du ressort de ce tribunal.

Cependant, ceux qui seront spécialement chargés du service criminel ne pourront instrumenter hors du canton de leur résidence, sans un mandement exprès de notre procureur général.

117 Dans les lieux où il n'y a point de Cour d'appel, les huissiers attachés au service criminel seront exclusivement chargés du service personnel près la Cour d'assises et la Cour spéciale, ainsi que de tous les exploits en matière criminelle. Ils seront tenus de se faire immatriculer au tribunal de première instance; ils pourront instrumenter en matière civile concurremment avec les huissiers de ce tribunal, mais dans l'étendue seulement du canton de leur résidence.

118. A l'avenir, les huissiers qui devront faire le service près les Cours spéciales des départements autres que celui où siège la Cour impériale, seront désignés par le procureur criminel, de concert avec le président, parmi les huissiers du tribunal de première instance.

En cas de dissentiment, il en sera référé au procureur général. Jusqu'à ce qu'il ait été statué, les huissiers désignés par le procureur criminel, seront tenus de faire le service près les Cours d'assises et spéciale, ainsi que tous exploits en matière criminelle.

33. Le transport des huissiers dans les divers départements du ressort de nos Cours impériales, ne pourra être autorisé, dans des affaires criminelles, que par nos procureurs généraux près ces Cours.

34. En matière de simple police, aucun huissier ne pourra instrumenter hors du canton de sa résidence, si ce n'est dans le cas prévu par le second paragraphe de l'article 28 du présent décret, et en vertu d'une cédule délivrée pour cet effet par le juge de paix.

35. Dans tous les cas ou les reglements accordent aux huissiers une indemnité pour frais de voyage, il ne sera alloué qu'un seul droit de transport pour la totalité des actes que l'huissier aura faits dans une même course et dans le même lieu.

Ce droit sera partagé en autant de portions égales entre elles qu'il y aura d'originaux d'actes; et a chacun de ces actes, l'huissier appliquera l'une desdites portions : le tout à peine de rejet de la taxe, ou de restitution envers la partie, et d'une amende qui ne pourra excéder cent francs ni être moindre de vingt francs.

36 Tout huissier qui chargera un huissier d'une autre résidence d'instrumenter pour lui, à l'effet de se procurer un droit de transport qui ne lui aurait pas été alloué s'il eût instrumenté lui-même, sera puni d'une amende de cent francs. L'huissier qui aura prêté sa signature sera puni de la même peine.

Dans tous les cas, le droit de transport indûment alloué ou perçu sera rejeté de la taxe, ou restitué à la partie.

§ 3. — *Prisées et ventes publiques de meubles et effets mobiliers.*

37. Dans les lieux pour lesquels il n'est point établi de commissaires-priseurs exclusivement chargés de faire les prisées et ventes publiques de meubles et effets mobiliers, les huissiers tant audienciers qu'ordinaires continueront de procéder, concurremment avec les notaires et les greffiers, auxdites prisées et ventes publiques, en se conformant aux lois et règlements qui y sont relatifs.

38. Les huissiers ne pourront, ni directement ni indirectement, se rendre adjudicataires des objets mobiliers qu'ils seront chargés de vendre.

Toute contravention à cette disposition sera punie de la suspension de l'huissier pendant trois mois, et d'une amende de cent francs pour chaque article par lui acheté, sans préjudice de plus fortes peines dans les cas prévus par le Code pénal.

La récidive, dans quelque cas que ce soit, entraînera toujours la destitution.

CHAPITRE II.

DEVOIRS DES HUISSIERS.

39. Les huissiers sont tenus de se renfermer dans les bornes de leur ministere, sous les peines portées par l'article 132 du Code de procédure civile.

40. L'exercice du ministère d'huissier est incompatible avec toute autre fonction publique salariée.

41. Il est défendu aux huissiers, sous peine d'être remplacés, de tenir auberge, cabaret, café, tabagie ou billard, même sous le nom de leurs femmes, à moins qu'ils n'y soient spécialement autorisés.

42. Les huissiers sont tenus d'exercer leur ministère toutes les fois qu'ils en sont requis et sans acception de personnes, sauf les prohibitions pour

cause de parenté ou d'alliance portées par les articles 4 et 66 du Code de procédure civile. — L'article 85 de notre décret du 18 juin 1811 sera exécuté à l'égard de tout huissier qui, sans cause valable, refuserait d'instrumenter à la requête d'un particulier.

43. — *Abrogé*, Décr. 29 août 1813 (1).

44. Si l'huissier contrevenant à l'une des dispositions du précédent article est convaincu de récidive, le ministère public pourra provoquer sa suspension, ou même son remplacement, s'il y a lieu.

45. Tout huissier qui ne remettra pas lui-même a personne ou domicile l'exploit et les copies de pièces qu'il aura été chargé de signifier, sera condamné, par voie de police correctionnelle, à une suspension de trois mois, a une amende, qui ne pourra être moindre de deux cents francs, ni excéder deux mille francs, et aux dommages et intérêts des parties. Si néanmoins il résulte de l'instruction qu'il a agi frauduleusement, il sera poursuivi criminellement, et puni d'après l'article 146 du Code pénal.

46. Les répertoires que les huissiers sont obligés de tenir conformément a la loi du 22 frimaire an VII, relative à l'enregistrement, seront cotés et paraphés, savoir : — Ceux des huissiers audienciers, par le président de la Cour ou du tribunal, ou par le juge qu'il aura commis à cet effet ; — Ceux des huissiers ordinaires résidant dans les villes où siégent les tribunaux de premiere instance, par le président du tribunal, ou par le juge qu'il aura commis à cet effet ;

Ceux des autres huissiers, par le juge de paix du canton de leur résidence.

47. Outre les mentions qui, aux termes de l'article 50 de la même loi, doivent être faites dans lesdits répertoires, les huissiers y marqueront, dans une colonne particuliere, le coût de chaque acte ou exploit, déduction faite de leurs déboursés.

48. Pour faciliter la taxe des frais, les huissiers, outre la mention qu'ils doivent faire au bas de l'original et de la copie de chaque acte, du montant de leurs droits, seront tenus d'indiquer en marge de l'original le nombre de rôles des copies de pièces, et d'y marquer même le détail de tous les articles de frais formant le coût de l'acte (2).

---

(1) Décret du 29 aout 1813

Art. 1er Les copies d'actes, de jugements, d'arrêts et de toutes autres pieces qui seront faites par les huissiers, doivent être correctes et lisibles, à peine du rejet de la taxe, ainsi qu'il en a été déja ordonné par l'art 28 du décret du 16 fevrier 1807, pour les copies faites par les avoués.

Les papiers employés à ces copies ne pourront contenir plus de 35 lignes à la page de petit papier, plus de 40 lignes par page de moyen papier et plus de 50 lignes par page de grand papier, à peine de l'amende de 25 fr., prononcée pour les expéditions par l'art 26 de la loi du 13 brum an VII. (*V ci-devant, pag.* 33, *le decret du* 30 *juill.* 1862.)

2. L'huissier qui aura signé une copie de citation ou d'exploit, de jugement ou d'arrêt qui serait illisible, sera condamné a l'amende de 25 fr sur la seule provocation du ministère public, et par la Cour ou le tribunal devant lequel cette copie aura eté produite

Si la copie a été faite et signée par un avoué, l'huissier qui l'aura signifiée sera également condamné a l'amende, sauf son recours contre l'avoué, ainsi qu'il avisera

3. Les art 43 et 57 de notre décret du 14 juin 1813 sont rapportés

(2) Ordonnance *du* 23 *decembre* 1814.

Art. 3. Les notaires, greffiers, avoués et huissiers sont également tenus de faire mention de la patente des particuliers qui y sont soumis, dans tous les actes et exploits, le tout sous peine de l'amende de 500 francs prononcée par l'art 37 de la loi du 1er brumaire an VII.

Loi *du* 28 *avril* 1844 *sur les patentes.*

Art 29 Nul ne pourra former de demande fournir aucune exception ou défense en justice, ni faire aucun acte ou significa-

TITRE III.

DE LA RÉUNION DES HUISSIERS EN COMMUNAUTÉ D'ARRONDISSEMENT.

CHAPITRE Ier.

FORMATION DE LA COMMUNAUTÉ.

49. Il y aura communauté entre tous les huissiers sans exception, résidant et exploitant dans l'étendue du ressort du tribunal civil d'arrondissement de leur résidence.

50. Le département de la Seine n'ayant qu'un seul tribunal civil, tous les huissiers exerçant dans ce département, y compris ceux de notre Cour de cassation, seront réunis en communauté.

52. Chaque communauté aura une chambre de discipline, qui sera présidée par un syndic.

CHAPITRE II.

ORGANISATION DE LA CHAMBRE DE DISCIPLINE.

53. Le nombre des membres de la chambre de discipline, y compris le syndic, est fixé, savoir : — A quinze, dans le département de la Seine ; — A neuf, dans les autres arrondissements où il y aura plus de cinquante huissiers ; — A sept, dans les arrondissements où il y aura moins de trente huissiers.

54. Dans chaque chambre, il y aura, outre le syndic, un rapporteur, un trésorier et un secrétaire.

55. Le syndic, et deux autres membres de la chambre, seront nécessairement pris parmi les huissiers en résidence au chef-lieu de l'arrondissement. — Dans les arrondissements où siégent les Cours impériales, il y aura toujours à la chambre de discipline, indépendamment du syndic, au moins trois huissiers du chef-lieu. — Dans le département de la Seine, les deux tiers au moins des membres de la chambre, y compris le syndic, seront pris parmi les huissiers de Paris.

56. Le syndic sera nommé tous les ans, savoir : dans les arrondissements où siégent nos Cours impériales, par le premier président, sur la présentation qui lui sera faite de trois membres par notre procureur général ; et dans les autres arrondissements, par le président du tribunal de premiere instance, sur la présentation qui sera également faite de trois membres par notre procureur impérial. Le syndic sera indéfiniment rééligible.

57. — *Abrogé*, DÉCR. 29 août 1813.

58. La premiere nomination des autres membres de la chambre de discipline sera faite de la même manière que celle du syndic.

59. Après cette première nomination, les membres de la chambre de dis-

---

tion extrajudiciaire pour tout ce qui sera relatif à son commerce, sa profession ou son industrie, sans qu'il soit fait mention, en tête des actes, de sa patente, avec désignation de la date, du numéro et de la commune où elle aura été délivrée, à peine d'une amende de 25 francs, tant contre les particuliers sujets à la patente que contre les officiers ministériels qui auraient fait ou reçu lesdits actes sans mention de la patente. La condamnation à cette amende sera poursuivie à la requête du procureur du roi devant le tribunal civil de l'arrondissement.

Le rapport de la patente ne pourra suppléer au défaut de l'énonciation, ni dispenser de l'amende prononcée.

cipline, autres que le syndic. seront élus par l'assemblée générale des huissiers, qui se réuniront pour cet effet au chef-lieu de l'arrondissement, sur la convocation et sous la présidence du syndic.

60. L'élection des membres de la chambre de discipline se fera au scrutin secret. — Un scrutin particulier aura lieu pour la nomination du trésorier, qui sera toujours pris parmi les huissiers du chef-lieu. — Les autres membres de la chambre seront nommés, sans désignation de fonctions, par bulletin de liste contenant un nombre de noms qui ne pourra excéder celui des membres à nommer. — Toutes ces nominations seront faites à la majorité absolue.

61. Lorsqu'il y aura cent votants et au-dessus, l'assemblée se divisera par bureaux, qui ne pourront être composés de moins de trente ni de plus de cinquante votants. — Ces bureaux seront présidés, le premier par le syndic, et chacun des autres par le plus âgé des huissiers présents ; les deux plus âgés après lui feront les fonctions de scrutateurs, et le plus jeune celles de secrétaire.

62. La chambre de discipline sera renouvelée tous les ans par tiers, ou, si le nombre n'est pas susceptible de cette division, par portions les plus approchantes du tiers, en faisant alterner, chaque année, les portions inférieures et supérieures au tiers, à commencer par les inférieures, de manière que, dans tous les cas, aucun membre ne puisse rester en fonctions plus de trois années consécutives.

63. Le sort indiquera ceux des membres qui devront sortir la première et la seconde année ; ensuite le renouvellement s'opérera par ordre d'ancienneté de nomination. — Les membres sortants ne seront rééligibles qu'après un an d'intervalle, à l'exception toutefois du trésorier, qui sera toujours rééligible.

64. Lorsque le nombre total des huissiers formant la communauté ne sera pas suffisant pour le renouvellement de la chambre tel qu'il est prescrit ci-dessus, ce renouvellement n'aura lieu que jusqu'à concurrence du nombre existant.

65. Les membres de la chambre de discipline nommeront entre eux au scrutin secret, à la majorité absolue, un rapporteur et un secrétaire. — Cette nomination sera renouvelée tous les ans, et les mêmes pourront être réélus.

66. En cas de partage des voix pour ladite nomination, le scrutin sera recommencé ; et si le résultat est le même, le plus agé des deux membres qui seront l'objet de ce partage, sera nommé de droit, à moins qu'il n'ait rempli, pendant les deux années précédentes, la fonction à laquelle il s'agira de nommer ; auquel cas la nomination de droit sera pour son concurrent.

67. La nomination des membres de la chambre de discipline aura lieu chaque année dans la première quinzaine d'octobre, et sera immédiatement suivie de la nomination du rapporteur et du secrétaire.

68. La chambre et les officiers entreront en exercice le 1er novembre.

69. La chambre tiendra ses séances au chef-lieu de l'arrondissement : elle s'assemblera au moins une fois par mois. — Le syndic la convoquera extraordinairement quand il le jugera convenable, ou sur la demande de deux autres membres. — Il sera tenu de la convoquer toutes les fois qu'il en recevra l'ordre du président du tribunal de première instance, ou de notre procureur près ce tribunal.

CHAPITRE III.

ATTRIBUTIONS DE LA CHAMBRE DE DISCIPLINE ET DE SES OFFICIERS.

70. La chambre de discipline est chargée : — 1° De veiller au maintien de l'ordre et de la discipline parmi tous les huissiers de l'arrondissement,

et à l'exécution des lois et règlements qui concernent les huissiers; — 2° De prévenir ou concilier tous différends qui peuvent s'élever entre huissiers relativement à leurs droits, fonctions et devoirs, et, en cas de non-conciliation, de donner son avis comme tiers sur ces différends; — 3° De s'expliquer, également par forme d'avis, sur les plaintes ou réclamations de tiers contre des huissiers à raison de leurs fonctions, et sur les réparations civiles qui pourraient résulter de ces plaintes ou réclamations; — 4° De donner son avis comme tiers sur les difficultés qui peuvent s'élever au sujet de la taxe de tous frais et dépens réclamés par des huissiers; — Lorsque la chambre ne sera point assemblée, cet avis pourra être donné par un de ses membres, à moins que l'objet de la contestation ne soit d'une importance majeure, auquel cas la chambre s'expliquera elle-même à la prochaine séance, ou, si le cas est urgent, dans une séance extraordinaire; — 5° D'appliquer elle-même les peines de discipline établies par l'article suivant, et de dénoncer au procureur impérial les faits qui donneraient lieu à des peines de discipline excédant la compétence de la chambre, ou à d'autres peines plus graves; — 6° De délivrer, s'il y a lieu, tous certificats de moralité, de bonne conduite et de capacité, à ceux qui se présenteront pour être nommés huissiers; — 7° De s'expliquer également sur la conduite et la moralité des huissiers en exercice, toutes les fois qu'elle en sera requise par les Cours et tribunaux, ou par les officiers du ministere public; — 8° Enfin de représenter tous les huissiers sous le rapport de leurs droits et intérêts communs, et, en conséquence, d'administrer la bourse commune dont il sera parlé au chapitre V ci-après.

71. Les peines de discipline que la chambre peut infliger elle-même, sont: — 1° Le rappel a l'ordre; — 2° La censure simple par la décision même; — 3° La censure avec réprimande par le syndic à l'huissier en personne dans la chambre assemblée; — 4° L'interdiction de l'entrée de la chambre pendant six mois au plus.

72. L'application, par la chambre des huissiers, des peines de discipline spécifiées dans l'article précédent, ne préjudiciera point à l'action des parties intéressées ni a celle du ministere public.

73. Toute condamnation des huissiers à l'amende, à la restitution et aux dommages-intérêts, pour des faits relatifs à leurs fonctions, sera prononcée par le tribunal de première instance du lieu de leur résidence, sauf le cas prévu par le troisième paragraphe de l'article 43, à la poursuite des parties intéressées ou du syndic de la communauté, au nom de la chambre de discipline. Elle pourra l'être aussi à la requête du ministere public.

74. La suspension des huissiers ne pourra être prononcée que par les Cours et tribunaux auxquels ils seront respectivement attachés.

75. Il n'est dérogé, par le présent titre, à aucune des dispositions des articles 102, 103 et 104 de notre décret du 30 mars 1808.

76. Le syndic aura la police d'ordre dans la chambre. — Il proposera les sujets de délibération, recueillera les voix, et prononcera le résultat des délibérations. — Il dirigera toutes actions et poursuites à exercer par la chambre, et agira pour elle et en son nom dans tous les cas, conformément à ce qu'elle aura délibéré. — Il aura seul le droit de correspondance, au nom de la chambre, avec le président et le ministere public; sauf, en cas d'empêchement, la délégation au rapporteur.

77. Le rapporteur déférera à la chambre, soit d'office, soit sur la provocation des parties intéressées ou de l'un des membres de la chambre, les faits qui pourront donner lieu à des mesures de discipline contre des membres de la communauté. — Il recueillera des renseignements sur ces faits, ainsi que sur toutes les affaires qui doivent être portées a la connaissance de la chambre, et lui en fera son rapport.

78. Le trésorier tiendra la bourse commune, conformément aux dispositions du chapitre V ci-après.

79. Le secrétaire rédigera les délibérations de la chambre. — Il sera le gardien des archives et délivrera les expéditions.

CHAPITRE IV.

FORME DE PROCÉDER DANS LA CHAMBRE DE DISCIPLINE.

80. La chambre ne pourra faire l'application des peines de discipline spécifiées en l'article 71, qu'après avoir entendu l'huissier inculpé, ou faute par lui d'avoir comparu dans le délai de la citation. Ce délai ne sera jamais moindre de cinq jours.

81. La citation sera donnée par une simple lettre indicative de l'objet, signée du rapporteur, et envoyée par le secrétaire, qui en prendra note sur un registre tenu à cet effet, coté et paraphé par le président du tribunal de première instance.

82. La même forme aura lieu pour appeler toutes personnes, huissiers ou autres, qui voudront être entendues sur des réclamations ou plaintes par elles adressées a la chambre de discipline.

83. Lorsqu'il s'agira de contestations entre huissiers, les citations pourront être respectivement données dans la forme ordinaire, en déposant les originaux au secrétariat de la chambre.

84. Dans tous les cas, les parties pourront se présenter aux séances de la chambre volontairement et sans citation préalable.

85. La chambre ne pourra prononcer ni émettre son avis sur aucune affaire, qu'après avoir entendu le rapporteur.

86. Elle ne pourra délibérer valablement, si les membres votants ne forment au moins les deux tiers de ceux qui la composent.

87. Les délibérations seront prises à la majorité absolue des voix : le syndic aura voix prépondérante en cas de partage.

88. Les délibérations seront inscrites sur un registre coté et paraphé par le syndic : elles seront signées par tous les membres qui y auront concouru. — Les expéditions seront signées par le syndic et le secrétaire.

89. Tous les actes de la chambre, soit en minute, soit en expédition, à l'exception des certificats et autres pièces a délivrer aux candidats ou à des individus quelconques dans leur intérêt personnel, seront exempts du timbre et de l'enregistrement.

90. La chambre sera tenue de représenter à nos procureurs généraux et impériaux, toutes les fois qu'ils en feront la demande, les registres de ses délibérations, et tous autres papiers déposés dans ses archives.

CHAPITRE V.

DE LA BOURSE COMMUNE.

91. Dans chaque communauté d'huissiers, il y aura une bourse commune formée et administrée d'après les règles établies au présent chapitre.

92-97. — *Abrogés*, Ord. 26 juin 1822.

98. L'huissier contrevenant à l'une des obligations qui lui sont imposées relativement à la bourse commune, sera condamné à cent francs d'amende. — La contrainte par corps contre l'huissier aura lieu, — Pour le paiement de l'amende, — Pour la remise de la copie du répertoire, — Pour l'acquittement de la somme qu'il doit verser dans la bourse commune.

99. Le syndic pourra exiger la représentation de l'original du répertoire ; et si la copie remise au trésorier n'y est point conforme, l'huissier en fraude sera condamné, par corps, à cent francs d'amende, pour chaque article omis ou infidèlement transcrit.

100. Sera également versé à la bourse commune le quart des amendes prononcées contre des huissiers pour délits ou contraventions relatifs à l'exercice de leur ministère. — Ces amendes seront perçues en totalité par le receveur de l'enregistrement du chef-lieu de l'arrondissement, lequel tiendra compte, tous les trois mois, à la communauté des huissiers, de la portion qui pourra lui revenir, aux termes du présent article.

101. La communauté fixera, chaque année, en assemblée générale, la somme a prélever sur la bourse commune, tant pour droit de recette que pour frais de bureau et autres dépenses de la chambre. — L'arrêté portant cette fixation sera homologué par le tribunal de première instance, sur les conclusions du ministère public (1).

102-109. — *Abrogés,* Ord. 26 juin 1822.

110. Le trésorier rendra aussi, chaque année, dans la première quinzaine

---

(1) Ordonnance *du* 26 *juin* 1822 *portant modification au règlement du* 14 *juin* 1813, *en ce qui concerne la bourse commune des huissiers.*

Art. 1er. La bourse commune des huissiers sera exclusivement destinée à subvenir aux depenses de la communauté et à distribuer, lorsqu'il y aura lieu, des secours tant aux huissiers en exercice qui seraient indigents, âgés et hors d'état de travailler, qu'aux huissiers retirés pour cause d'infirmités et de vieillesse, mais non destitués, et aux veuves et orphelins d'huissiers.

2 Chaque huissier versera dans la bourse commune une portion qui ne pourra être au dessous de 1/20e, ni excéder le 10e des emoluments attribués pour les originaux seulement de tous exploits et proces-verbaux portés à son répertoire et faits, soit à la requête des parties, soit à la réquisition ou sur la demande du ministere public, tant en matiere civile qu'en matiere criminelle, correctionnelle ou de simple police.

3. Les actes non susceptibles d'être inscrits sur le répertoire ne seront pas sujets au versement.

4. A l'égard des actes pour lesquels le tarif n'alloue qu'un seul droit dans lequel sont confondues les vacations et diligences, la contribution ne s'exercera que sur la somme allouée pour l'original seulement.

5. Les huissiers suspendus ou destitués verseront dans les proportions ci-dessus les émoluments par eux perçus jusqu'a l'époque de la cessation effective de leurs fonctions.

6. Les huissiers audienciers qui reçoivent un traitement n'en verseront aucune portion à la bourse commune; au surplus, les articles précédents leur seront applicables.

7 Les versements à la bourse commune seront faits par trimestre entre les mains du trésorier de la chambre de discipline, dans les quinze jours qui suivront le trimestre expiré, sans distinction des actes dont l'huissier aura été payé d'avec ceux dont le coût lui serait encore dû.

8. A l'appui de chacun de ces versements, l'huissier, après que son répertoire aura été visé par le receveur de l'enregistrement, en remettra au trésorier de la chambre un extrait sur papier libre, lequel sera par lui certifié véritable, et contiendra seulement, en quatre colonnes, le numero d'ordre, la date des actes, leur nature et le coût de l original.

9. Pendant le cours de chaque année, les 4/5es des fonds versés à la bourse commune pourront être employés par la chambre aux besoins de la communauté et aux secours a accorder.

Le dernier cinquième, ensemble ce qui n'aurait pas été employé sur les quatre autres, formera un fonds de réserve, lequel, dès qu'il sera suffisant, sera placé en rentes sur l'Etat, les intérêts de ce fonds seront successivement cumulés avec le capital jusqu'a ce que l'intérêt annuel de la réserve suffise à la destination déterminée par l'art. 1er.

10 Les secours seront accordés nominativement chaque année par une délibération de la chambre qui sera soumise à l'homologation du tribunal sur les conclusions du ministère public.

11. Dans le mois qui suivra la publication de la présente ordonnance, chaque communauté d'huissiers fixera en assemblée générale la quotité des émoluments qui, pour l'exécution de l'art 2 ci-dessus, devra être versée en bourse commune. Cette délibération sera homologuée ainsi qu'il est dit au précédent article. — Les augmentations et diminutions dont la portion contributive pourrait, par la suite, être jugée susceptible, seront réglées suivant le même mode.

12. Toutes les dispositions du règlement du 14 juin 1813 auxquelles il n'est pas dérogé par la présente ordonnance, continueront d'être exécutées.

d'octobre, le compte général de ses recettes et dépenses pendant l'année révolue. — Ce compte sera vérifié, arrêté et signé par chacun des membres de la chambre. Il pourra être débattu de la même manière que les comptes particuliers. Le délai pour prendre communication sera de deux mois, à partir du jour où la chambre aura définitivement arrêté le compte.

111. Le trésorier qui sera en retard, ou qui refusera, soit de rendre ses comptes, soit de remettre les sommes par lui dues à la communauté ou à l'un de ses membres, pourra être poursuivi par les parties intéressées, par toutes les voies ordinaires de droit, et même par celle de la contrainte par corps, comme rétentionnaire de deniers.

112. Le trésorier tiendra un registre coté et paraphé par le président du tribunal de premiere instance, et dans lequel il inscrira jour par jour ses recettes et dépenses. La chambre pourra se faire représenter ce registre aussi souvent qu'elle le jugera convenable et l'arrêter par une délibération qui y sera transcrite en double minute. Elle l'arrêtera nécessairement tous les ans lors de la vérification du compte général du trésorier.

113. Le trésorier sera tenu, si l'assemblée générale l'exige, de fournir caution solvable pour le montant présumé de ses recettes pendant quatre mois.

TABLE

ALPHABÉTIQUE ET RAISONNÉE

des matières contenues dans les

TARIFS EN MATIÈRE CIVILE

des Juges de paix, de leurs greffiers et de leurs huissiers, des secrétaires et des huissiers des conseils de prud'hommes, des huissiers ordinaires et audienciers.

A

B

C

D

E

H

O

P

R

S

V

Chez les mêmes Éditeurs :

TAXE DES FRAIS EN MATIÈRE CIVILE (NOUVEAU MANUEL THÉORIQUE ET PRATIQUE DE LA), comprenant : 1° les tarifs des droits et émoluments des juges de paix et de leurs greffiers, des huissiers ordinaires et audienciers, des avoués de première instance et d'appel; 2° le tarif des notaires; 3° celui des frais des ventes judiciaires; 4° ceux des greffiers des tribunaux civils de première instance, de commerce et des Cours d'appel, des agréés près les tribunaux de commerce; 5° le tarif des commissaires-priseurs; 6° le tarif et les règles de la liquidation des dépens, etc.; par M. BONNESOEUR, Conseiller à la Cour imp. de Bordeaux. 2e édition, revue et considérablement augmentée. 1 vol. in-8°. 1864. 8 fr. 50

SUPPLÉMENT AUX **CODES ANNOTÉS DE SIREY**, résumant la Jurisprudence, la Doctrine et la Législation, les Modifications du texte des Codes, jusqu'à ce jour; par M. JEAN SIREY, Avocat à la Cour impériale de Paris, sous la direction de M. P. GILBERT. 1866. 1 vol. gr. in-8. 16 fr.

Le même. 1 vol. in-4. 16 fr.

JUGES DE PAIX (MANUEL ENCYCLOPEDIQUE, THÉORIQUE ET PRATIQUE DES), de leurs Suppléants et Greffiers, des Notaires, Avoués, Huissiers, etc.; ou Traité pratique et raisonné des Principes généraux et spéciaux de droit civil et criminel, des Règles de compétence, de procédure civile, criminelle et de simple police, mis au courant de la législation et de la jurisprudence jusqu'en 1865; avec les formules de tous les actes extra-judiciaires et judiciaires, placés à la suite de chaque titre, concernant le Tarif raisonné des Droits d'enregistrement, de timbre, de greffe, d'hypothèque, des Amendes, des Contraventions en matière d'enregistrement, de timbre, de greffe, de notariat, etc.; par J.-E ALLAIN, Juge de paix retraité. 3e édition, revue et augmentée. 1866. 3 gros vol. in-8. 27 fr.

SIMPLE POLICE (DE LA PROCÉDURE DES TRIBUNAUX DE) et des fonctions des officiers du Ministère public qui leur sont attachés; par CH. BERRIAT-SAINT-PRIX, Docteur en droit, Conseiller à la Cour impériale de Paris. 2e édition. 1865. 1 vol. in-8°. 7 fr. 50

— Le même, 1 vol. in-18. 1865. 4 fr. 50

FORMULAIRE GÉNERAL ET COMPLET OU TRAITE PRATIQUE DE **PROCÉDURE CIVILE ET COMMERCIALE**, annoté de toutes les opinions émises dans les *Lois de la Procédure civile* et dans le *Journal des Avoués;* par M. CHAUVEAU ADOLPHE, Doyen de la Faculté de droit de Toulouse; revu par M. GLANDAZ, Président de la Chambre des avoués de Paris. 3e éd. conforme à la 2e. 2 forts vol. in-8. 1862. 18 fr.

TRAITÉ THÉORIQUE ET PRATIQUE DU **BORNAGE;** par M. MILLET, Avocat, ancien Juge de paix. 3e édit., refondue, corrigée et augmentée. 1 v. in-18. 1862. 4 fr. 50

JUGES DE PAIX (MANUEL CRIMINEL DES), considérés comme officiers de police judiciaire auxiliaires du procureur impérial et comme délégués du juge d'instruction; par M. DUVERGER, Président de chambre à la Cour impériale de Poitiers. 3e éd. 1 vol. in-8. 5 fr. 50

Paris —Imprimerie de Cosse et J. Dumaine, rue Christine, 2.

www.ingramcontent.com/pod-product-compliance
Ingram Content Group UK Ltd.
Pitfield, Milton Keynes, MK11 3LW, UK
UKHW021147260726
13994UKWH00001B/328